企业法律知识学习手册

实用导图版

八五普法图书中心◎著

中国法制出版社
CHINA LEGAL PUBLISHING HOUSE

出版说明

近些年，随着全面依法治国的不断推进，我国的社会主义法治建设发生了历史性的变革，取得了历史性的成就，全民法律意识得到空前的提高。法律所体现的公平与正义深入人心，大家在遇到纠纷、侵权等情形时，能够第一时间把“依法办事”“依法维权”作为指导原则，从而为建设法治大环境增加了人民群众方面的坚实力量。

全面推进依法治国，既要坚持科学立法、严格执法、公正司法，也要坚持全民守法。其中，守法不仅仅是从其字面意思理解的“遵守法律规定”，还是在运用法律的层面上体现的“依法办事”“使用法律维权、解决问题”。可以说，用法才是守法的最高境界。那么，如何才能做到“用法”呢？首先要学法、知法、懂法。

不得不说，随着大家法律意识的提高，各界人士的学法积极性在不断地高涨，积极开展法律学习活动。特别是随着《中华人民共和国民法典》的出台，全民学法达到了空前的高潮。为了迎合这一契机，帮助大家学习、运用法律，我们特别组织编写了一套《法律知识学习手册（实用导图版)》，希望能给大家带来帮助。

在这套书中，各分册的内容设置以读者对象为基础，如干部、公务员、农民、青少年、职工、社区工作者等，专门选取了与其工作和生活贴近的法律知识，进行深入浅出的分析，具有很强的实用性与代入感。特别要指出的是，在每一章节，我们制作了“法律知识思维导图”，能够让读者一目了然，快速学习法律知识。读者朋友可以根据自身需要来进行选购，相信总有一册是与您密切相关的！

最后，我们希望本套书能为全面依法治国大计贡献绵薄之力！希望本套书能成为读者朋友学习法律知识的得力助手！同时，希望读者朋友多提宝贵意见！

目录／Contents

第一章　企业设立法律知识

第二章　企业变更法律知识

第三章　企业股权法律知识

第四章　企业事务执行法律知识

第六章　企业人事管理法律知识

第七章　企业税务法律知识

第八章　企业依法经营法律知识

第九章 企业刑事犯罪法律知识

第十章 企业行政处理法律知识

第十一章　企业诉讼仲裁法律知识

第十二章　企业破产清算法律知识

第一章
企业设立法律知识

设立有限责任公司应当具备的条件

- 由五十个以下股东出资设立
- 有公司名称，建立符合有限责任公司要求的组织机构
- 有公司住所
- 有符合公司章程规定的全体股东认缴的出资额
- 股东共同制定公司章程

有限责任公司章程应当载明的事项

- 股东的出资方式、出资额和出资时间
- 公司的机构及其产生办法、职权、议事规则
- 公司法定代表人
- 股东会会议认为需要规定的其他事项
- 公司名称和住所
- 公司经营范围
- 公司注册资本
- 股东的姓名或者名称

股东应当在公司章程上签名、盖章

有限责任公司成立后，应当向股东签发出资证明书

- 出资证明书应当载明的事项
  - 公司名称
  - 公司成立日期
  - 公司注册资本
  - 股东的姓名或者名称、缴纳的出资额和出资日期
  - 出资证明书的编号和核发日期
- 出资证明书应由公司盖章

有限责任公司的股东名册记载的事项

- 股东的姓名或者名称及住所
  - 公司应当将股东的姓名或者名称向公司登记机关登记
  - 登记事项发生变更的，应当办理变更登记
  - 未经登记或者变更登记的，不得对抗第三人
- 股东的出资额
- 出资证明书编号

设立股份有限公司应当具备的条件

- 应当有二人以上二百人以下为发起人，其中须有半数以上的发起人在中国境内有住所
- 有符合公司章程规定的全体发起人认购的股本总额或者募集的实收股本总额
- 股份发行、筹办事项符合法律规定
- 发起人制订公司章程，采用募集方式设立的经创立大会通过
- 有公司名称，建立符合股份有限公司要求的组织机构
- 有公司住所

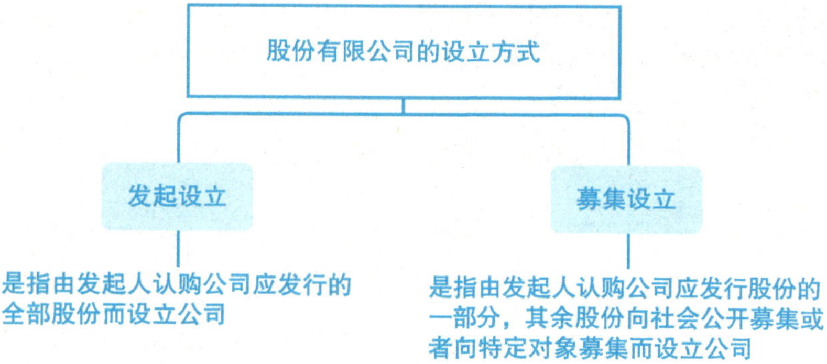
股份有限公司的设立方式
发起设立
募集设立
是指由发起人认购公司应发行的全部股份而设立公司
是指由发起人认购公司应发行股份的一部分，其余股份向社会公开募集或者向特定对象募集而设立公司

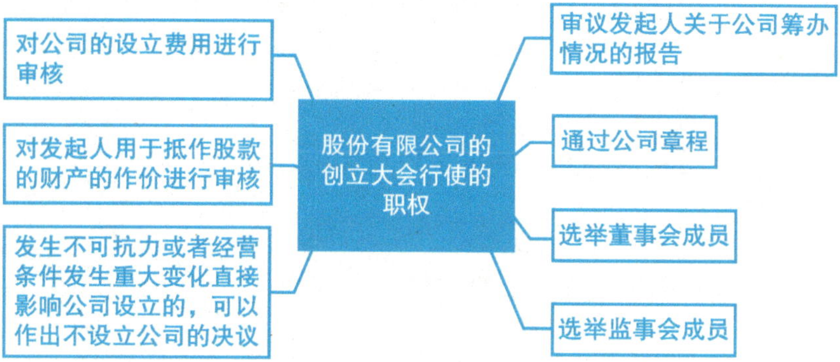
股份有限公司的创立大会行使的职权
对公司的设立费用进行审核
对发起人用于抵作股款的财产的作价进行审核
发生不可抗力或者经营条件发生重大变化直接影响公司设立的，可以作出不设立公司的决议
审议发起人关于公司筹办情况的报告
通过公司章程
选举董事会成员
选举监事会成员

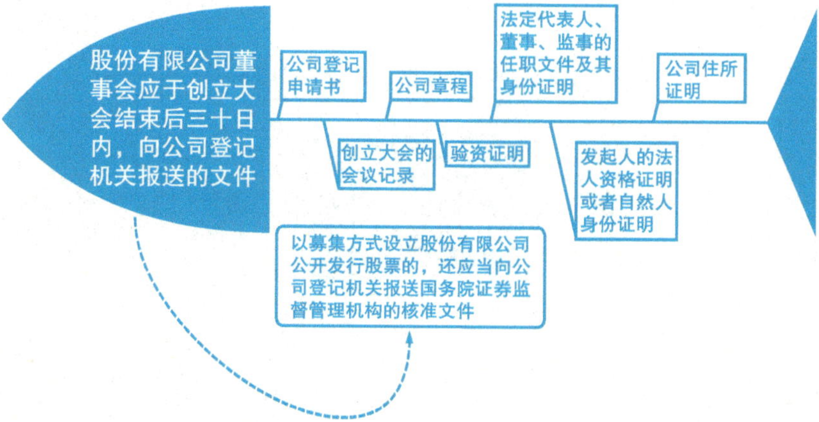
股份有限公司董事会应于创立大会结束后三十日内，向公司登记机关报送的文件
公司登记申请书
公司章程
法定代表人、董事、监事的任职文件及其身份证明
公司住所证明
创立大会的会议记录
验资证明
发起人的法人资格证明或者自然人身份证明
以募集方式设立股份有限公司公开发行股票的，还应当向公司登记机关报送国务院证券监督管理机构的核准文件

- 股份有限公司的发起人应当承担的责任
  - 公司不能成立时，对设立行为所产生的债务和费用负连带责任
  - 公司不能成立时，对认股人已缴纳的股款，负返还股款并加算银行同期存款利息的连带责任
  - 在公司设立过程中，由于发起人的过失致使公司利益受到损害的，应当对公司承担赔偿责任

1. 公司成立后发现非货币财产的实际价额显著低于公司章程所定价额时，怎么办？

◆ 案例分析

2020 年 5 月，刘某筹备成立一家仓储有限责任公司。在公司筹备期间，刘某发现租用合适的仓储地点很难，于是想到其朋友陈某在城西有一个闲置的院子，院子面积不小，可以建仓库，原有房间可以做办公室。刘某便与陈某协商成立该公司，陈某同意了刘某的提议。刘某与陈某遂签订了协议，刘某出资 40 万元，陈某以城西的院子作价出资 30 万元。公司成立后，刘某无意中得知陈某的院子因距离城区较远，最多值 25 万元。那么，非货币财产的实际价额显著低于公司章程所定价额时，该怎么办呢？

成立有限责任公司，股东以实物、知识产权、土地使用权等可以用货币估价并可以依法转让的非货币财产作价出资，对非货币财产的估价应该是以市场价为准，不能高估或低估。根据《公司法》第三十条的规定："有限责任公司成立后，发现作为设立公司出资的非货币财产的实际价额显著低于公司章程所定价额的，应当由交付该出资的股东补足其差额；公司设立时的其他股东承担连带责任。"本案中，陈某以其城西的院子作为出资，对其价值的评估并没有经过专业人员，只是双方达成一致，成立公司后二人得知陈某城西院子的实际价值低于公司章程规定的价额，那么，陈某应补足

5 万元的差额，同时，刘某是公司设立时的股东，对此应承担连带责任。

◆ 法律条文

《中华人民共和国公司法》

第三十条　有限责任公司成立后，发现作为设立公司出资的非货币财产的实际价额显著低于公司章程所定价额的，应当由交付该出资的股东补足其差额；公司设立时的其他股东承担连带责任。

深度解析

有限责任公司成立以后，如果发现作为设立公司出资的非货币财产（如实物、知识产权、土地使用权等）的实际价额显著低于公司章程所定价额，则意味着股东缴纳出资不实，没有达到章程中规定的注册资本的要求。那么，发起人就都有义务缴纳未缴足的出资，直至公司发行的全部股本都被缴足为止。

2. 发起人为设立公司以自己名义对外签订合同的，合同责任应该由谁承担？

◆ 案例分析

2019 年 3 月，陆某、张某和王某三人决定设立服装生产有限公司。随后，三人便签署了认筹协议。认筹协议签订后，三人开始筹备公司成立事宜。陆某负责工商注册登记等事项，张某负责招聘员工，王某则负责前期的采购工作。4 月，王某以自己的名义与某机器设备厂签订服装生产设备买卖合同，并约定 4 月 20 日交货，货到 5 天后付款。4 月 20 日，某机器设备厂如期交货，但是陆某认为设备价格过高，要求机器设备厂降价，机器设备厂不同意，因此王某等人一直未付设备款。那么，机器设备厂可以要求谁来承担合同责任呢？

根据《最高人民法院关于适用〈中华人民共和国公司法〉若干问题的规定（三）》第二条的规定：“发起人为设立公司以自己名义对外签订合同，合同相对人请求该发起人承担合同责任的，人民法院应予支持；公司成立后合同相对人请求公司承担合同责任的，人民法院应予支持。”具体到案例中，王某作为公司发起人，为了公司的成立，与机器设备厂签订了买卖合同。根据合同相对性原则，王某与机器设备厂是合同的双方当事人，设备厂可以要求王某承担责任。王某发起设立的服装公司成立后，设备厂也可以请求服装公司承担责任。

◆ 法律条文

《最高人民法院关于适用〈中华人民共和国公司法〉若干问题的规定（三）》

第二条　发起人为设立公司以自己名义对外签订合同，合同相对人请求该发起人承担合同责任的，人民法院应予支持；公司成立后合同相对人请求公司承担合同责任的，人民法院应予支持。

深度解析

合同具有相对性，只在特定的当事人之间发生法律效力。在公司未成立时，发起人以自己的名义签订的合同，合同相对人只能向发起人主张合同权利。但是，公司成立后，合同相对人可以请求公司承担责任。

3. 发起人以设立中公司名义对外签订合同的，合同责任由谁承担？

◆ 案例分析

2020 年 3 月，刘某、李某和周某三人决定设立有限责任公司经营电线电缆。4 月，公司名称获得有关部门核准，但是营业执照还需要提交相应的材料才能取得。公司名称核准后，刘某三人便刻制了公司的公章及财务章。在申请营业执照的过程中，刘某很幸运地接到了一笔电线电缆的订单，遂以公司名义与向某签订电线电缆买卖合同，合同上加盖了公司公章，并约定 5 月 20 日发货，货到 10 天付款。然而，公司因设备出现问题，不能按时交货。那么，公司是否应该承担合同责任？

发起人以设立中的公司名义签订合同，合同对方当事人不可以直接要求发起人承担合同责任。根据《最高人民法院关于适用〈中华人民共和国公司法〉若干问题的规定（三）》第三条第一款的规定："发起人以设立中公司名义对外签订合同，公司成立后合同相对人请求公司承担合同责任的，人民法院应予支持。"其中"设立中公司"是指从公司开始设立至公司登记的这段时间，发起人在这期间以公司名义签订的合同，推定为设立公司进行的行为。由此，发起人以设立中的公司名义签订合同，合同对方当事人可以要求公司承担合同责任。同时该条第二款规定了例外情况："公司成立后有证据证明发起人利用设立中公司的名义为自己的利益与相对人签订合同，公司以此为由主张不承担合同责任的，人民法院应予支持，但相对人为善意的除外。”

◆ 法律条文

《最高人民法院关于适用〈中华人民共和国公司法〉若干问题的规定（三）》

第三条　发起人以设立中公司名义对外签订合同，公司成立后合同相对人请求公司承担合同责任的，人民法院应予支持。

公司成立后有证据证明发起人利用设立中公司的名义为自己的利益与相对人签订合同，公司以此为由主张不承担合同责任的，人民法院应予支持，但相对人为善意的除外。

深度解析

设立公司的行为是全体发起人为设立公司所作的共同行为。发起人以设立中公司的名义签订的合同，推定为设立公司进行的行为，由公司承担合同责任，除非有证据证明发起人是为了个人利益与相对人签订合同，但如果相对人为善意的，仍由公司承担合同责任。

4. 公司因故未成立，设立期间产生的债务如何分配负担？

◆ 案例分析

2020 年 4 月，顾某与方某共同投资筹备成立一家化妆品销售有限责任公司。两人签订了发起协议，制定了公司章程。在公司设立过程中，因租赁房屋、引进高档品牌化妆品资金不足，于是顾某、方某以公司名义向第三人田某借款 10 万元。后因顾某、方某在公司设立过程中产生矛盾，公司未能成立。田某得知公司未成立后，便要求顾某和方某偿还借款。那么，公司因故未成立的，在设立期间产生的债务应该如何分配负担呢？

根据《最高人民法院关于适用〈中华人民共和国公司法〉若干问题的规定（三）》第四条第一款的规定："公司因故未成立，债权人请求全体或者部分发起人对设立公司行为所产生的费用和债务承担连带清偿责任的，人民法院应予支持。"因此，顾某、方某共同投资组建的公司因故未成立，不具备民事主体资格，对外所欠债务应由顾某、方某承担连带清偿。另外，该条第二款、第三款规定："部分发起人依照前款规定承担责任后，请求其他发起人分担的，人民法院应当判令其他发起人按照约定的责任承担比例分担责任；没有约定责任承担比例的，按照约定的出资比例分担责任；没有约定出资比例的，按照均等份额分担责任。因部分发起人的过错导致公司未成立，其他发起人主张其承担设立行为所产生的费用和债务的，人民法院应当根据过错情况，确定过错一方的责任范围。”由此可见，公司未成立时，发起人的内部责任分配为，有约定的从约定，没有约定的按出资比例，没有比例的，平均分担。部分发起人有过错的，按照过错大小承担责任。

◆ 法律条文

《最高人民法院关于适用〈中华人民共和国公司法〉若干问题的规定（三）》

第四条　公司因故未成立，债权人请求全体或者部分发起人对设立公司行为所产生的费用和债务承担连带清偿责任的，人民法院应予支持。

部分发起人依照前款规定承担责任后，请求其他发起人分担的，人民法院应当判令其他发起人按照约定的责任承担比例分担责任；没有约定责任承担比例的，按照约定的出资比例分担责任；没有约定出资比例的，按照均等份额分担责任。

因部分发起人的过错导致公司未成立，其他发起人主张其承担设立行为所产生的费用和债务的，人民法院应当根据过错情况，确定过错一方的责任范围。

深度解析

公司设立失败时，未成立的公司不具备法人主体资格，因此不能承担民事权利义务。那么，因公司设立而产生的债务自然就落到了发起人的身上。发起人应该按照法律规定承担相应的责任和义务。

5. 发起人因履行公司设立职责造成他人损害的，谁来承担赔偿责任?

◆ 案例分析

2020 年 3 月，贾某、戴某打算共同出资成立一家防水材料有限公司。在公司成立过程中，贾某带领工人对租赁的办公楼进行装修。在装修时，贾某不慎摔倒并将脚手架撞倒，导致脚手架上的工人王某也摔倒在地。经医院诊断后，王某的左腿骨折。事故造成王某医疗费、误工费等损失共计 15000 元。那么，王某的损失应该由谁来赔偿呢?

根据《最高人民法院关于适用〈中华人民共和国公司法〉若干问题的规定（三)》第五条的规定：“发起人因履行公司设立职责造成他人损害，公司成立后受害人请求公司承担侵权赔偿责任的，人民法院应予支持；公司未成立，受害人请求全体发起人承担连带赔偿责任的，人民法院应予支持。公司或者无过错的发起人承担赔偿责任后，可以向有过错的发起人追偿。”具体到本案中，发起人贾某在为公司办公楼装修时，不慎摔倒并将脚手架撞倒，导致工人王某左腿骨折。王某作为受害人可以向成立后的公司主张侵权赔偿责任；也可以向未成立时的全体发起人主张连带赔偿责任。而在公司和发起人内部责任分配按照过错分担。

◆ 法律条文

《最高人民法院关于适用〈中华人民共和国公司法〉若干问题的规定（三）》

第五条 发起人因履行公司设立职责造成他人损害，公司成立后受害人请求公司承担侵权赔偿责任的，人民法院应予支持；公司未成立，受害人请求全体发起人承担连带赔偿责任的，人民法院应予支持。

公司或者无过错的发起人承担赔偿责任后，可以向有过错的发起人追偿。

深度解析

公司成立后，作为法人有资格对外承担民事责任，其发起人在履行职务过程中造成的损害，理当由公司承担赔偿责任。当然，如果公司未成立，那么，发起人自己就应该承担相应的责任了。

6. 以房产出资因市场变化发生贬值，该出资人是否应承担补足资金责任？

◆ 案例分析

2018 年，白某、肖某和赵某共同投资成立了一家电子科技有限责任公司。公司筹备成立时，肖某没有足够的资金入股，经过白某和赵某同意后便以自己所有的一栋两层的商业楼出资。经过价格评估，该房产价值 120 万元，随后肖某办理了相应的手续。因此，该公司是肖某以房产出资、白某和赵某以现金出资而成立的。2019 年，因当地的房地产市场发生动荡，肖某出资的商业楼发生大幅度贬值。那么，肖某是否还需要承担补足资金责任呢？

肖某不需要补足出资。根据《最高人民法院关于适用〈中华人民共和国公司法〉若干问题的规定（三）》第十五条的规定："出资人以符合法定条件的非货币财产出资后，因市场变化或者其他客观因素导致出资财产贬值，公司、其他股东或者公司债权人请求该出资人承担补足出资责任的，人民法院不予支持。但是，当事人另有约定的除外。"由此可见，非货币财产因市场变化产生的贬值不属于未依法足额出资，肖某已经履行了出资义务，不需要补足出资，但是有约定的除外。

◆ 法律条文

《最高人民法院关于适用〈中华人民共和国公司法〉若干问题的规定（三）》

第十五条 出资人以符合法定条件的非货币财产出资后，因市场变化或者其他客观因素导致出资财产贬值，公司、其他股东或者公司债权人请求该出资人承担补足出资责任的，人民法院不予支持。但是，当事人另有约定的除外。

深度解析

市场是不断变化的，如果规定在非货币财产出现贬值的情况下该出资人就应补足出资，势必会造成非货币出资人的恐慌，不利于公司的发展，也不利于对出资人利益的保护。

7. 发起人是否应该根据认购股份的份额在公司注册登记前缴纳股金?

◆ 案例分析

2020 年 1 月，冯某、杨某等 20 人订立了以发起方式设立某汽车配件股份有限公司的发起人协议，公司注册资本为 1000 万元，发起设立。随后，每名股东根据自己的意愿认购了不同份额的股份。20 名发起人按协议制定了公司章程，并准备到登记机关注册登记。在注册登记前，发起人是否应该根据认购股份的份额足额缴纳股金?

根据《公司法》第八十条的规定："股份有限公司采取发起设立方式设立的，注册资本为在公司登记机关登记的全体发起人认购的股本总额。在发起人认购的股份缴足前，不得向他人募集股份。股份有限公司采取募集方式设立的，注册资本为在公司登记机关登记的实收股本总额。法律、行政法规以及国务院决定对股份有限公司注册资本实缴、注册资本最低限额另有规定的，从其规定。"本案中，冯某等 20 人是股份有限公司的发起人，应依公司章程缴纳出资，也即发起人自主约定认缴出资额、出资方式、出资期限等，并且记载于公司章程，和注册登记没有必然关系。

◆ 法律条文

《中华人民共和国公司法》

第八十条 股份有限公司采取发起设立方式设立的，注册资本为在公司登记机关登记的全体发起人认购的股本总额。在发起人认购的股份缴足前，不得向他人募集股份。

股份有限公司采取募集方式设立的，注册资本为在公司登记机关登记的实收股本总额。

法律、行政法规以及国务院决定对股份有限公司注册资本实缴、注册资本最低限额另有规定的，从其规定。

深度解析

采取发起设立方式设立的股份有限公司，其注册资本是发起人认购的股本总额，但并不一定是实收的股本总额。这一规定降低了公司的准入门槛，避免了社会资金的闲置浪费，但是对于投资人的投资风险来说，确实危险系数较高。因此，为维护其他投资者的权益，法律规定只有在发起人缴足认购的股份后，成立后的公司才可以向社会公众或特定对象发行新股。

8. 未依法召开创立大会的，认股人能否要求返还股款？

◆ 案例分析

2019 年 11 月，某建筑公司与某房地产公司等四家公司准备合并成立某建筑集团股份有限公司。该四家公司订立了发起人协议，公司注册资本为 7000 万元，以募集方式设立。四家发起人公司按协议制定章程，认购部分股份，并依法向社会公开募股。股份募集得很顺利，发行股份股款很快缴足。然而，四家发起人却因各种原因迟迟不召开创立大会，导致创立大会在法定期限内未能召开。在这种情况下，认股人能否要求发起人返还股款？

召开创立大会是设立股份有限公司的重要活动之一。根据《公司法》第八十九条的规定："发行股份的股款缴足后，必须经依法设立的验资机构验资并出具证明。发起人应当自股款缴足之日起三十日内主持召开公司创立大会。创立大会由发起人、认股人组成。发行的股份超过招股说明书规定的截止期限尚未募足的，或者发行股份的股款缴足后，发起人在三十日内未召开创立大会的，认股人可以按照所缴股款并加算银行同期存款利息，要求发起人返还。"本案中，四家公司作为发起人向社会发行股票筹集资金，但是并没有在股款缴足后的 30 日内召开公司创立大会，在此情况下，购买股票的人可以按照所缴股款并加算银行同期存款利息，要求发起人返还，维护自己的正当利益。

◆ 法律条文

《中华人民共和国公司法》

第八十九条 发行股份的股款缴足后，必须经依法设立的验资机构验资并出具证明。发起人应当自股款缴足之日起三十日内主持召开公司创立大会。创立大会由发起人、认股人组成。

发行的股份超过招股说明书规定的截止期限尚未募足的，或者发行股份的股款缴足后，发起人在三十日内未召开创立大会的，认股人可以按照所缴股款并加算银行同期存款利息，要求发起人返还。

深度解析

认股人即社会公众中对公司股份进行认购的人，为了规范股份公司成立的时限以及保障认股人的预期利益，法律对于召开创立大会的时限作出了明确规定。当发起人在法律规定的时限内未组织召开创立大会时，认股人有权要求发起人返还认股人所购股款并且要加算同期银行利息。这样规定旨在督促发起人及时筹办公司成立的相关事项，保障社会认股人的投资权益。

9. 合伙人可否以劳务在合伙企业中出资？

◆ 案例分析

范某与王某、丁某拟合伙开办一家家政服务企业。范某与王某各以20万元现金出资，然而丁某却没有充足的现金。丁某原为某家政公司的高级管理人员，于是他提出以劳务即管理工作入股。范某和王某考虑到两人都没有家政管理的经验，合伙企业还要靠丁某来经营，便同意了丁某的请求。因此，三人签订合伙协议，协议约定范某与王某各以20万元现金出资，丁某以劳务作价15万元出资入伙，协议按此出资比例分配利益、分担风险等内容。那么，丁某以劳务在合伙企业中出资是否合法？

根据《合伙企业法》第十六条的规定，合伙人可以劳务作为在合伙企业中的出资。劳务出资不直观地体现企业的资产，企业一旦出现风险，其他出资人利益将会受到很大的损失，而劳务出资合伙人的利益损失很小。因此，作为合伙出资的劳务必须同时满足该专业技能是该合伙人特有的，而且是合伙企业生产经营所必需的条件，单纯的体力不能作为出资。本案中丁某为家政公司的高级管理人员，而范某和王某没有管理经验，并且家政企业必须要有专业的管理人才管理才行。经范某和王某协商同意，丁某就可以其管理技术提供劳务作为对合伙企业的出资。我国法律对劳务出资的比例没有作具体的规定，但是实践中劳务出资的作价不能过高，可以将其作用与利润分享、亏损承担挂钩。丁某的管理技术能作价多少完全靠他们三人协商约定，并且应当将约定载入合伙协议中。

◆ 法律条文

《中华人民共和国合伙企业法》

第十六条 合伙人可以用货币、实物、知识产权、土地使用权或者其他财产权利出资，也可以用劳务出资。

合伙人以实物、知识产权、土地使用权或者其他财产权利出资，需要评估作价的，可以由全体合伙人协商确定，也可以由全体合伙人委托法定评估机构评估。

合伙人以劳务出资的，其评估办法由全体合伙人协商确定，并在合伙协议中载明。

深度解析

合伙人以劳务出资的行为，仅为一种债权行为，如果合伙人未按合伙合同的约定履行出资义务即提供劳务，其他合伙人只能追究未依约提供劳务的出资人的违约责任，请求该违约人提供劳务。如果该违约人最终仍然拒绝提供劳务，其他合伙人也只能要求该违约人赔偿违约损失，而无法要求法院强制该违约人提供劳务。

第二章
企业变更法律知识

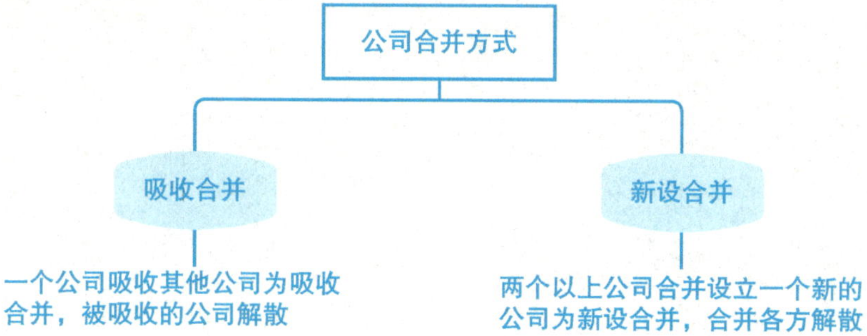
公司合并方式
吸收合并
新设合并
一个公司吸收其他公司为吸收合并，被吸收的公司解散
两个以上公司合并设立一个新的公司为新设合并，合并各方解散

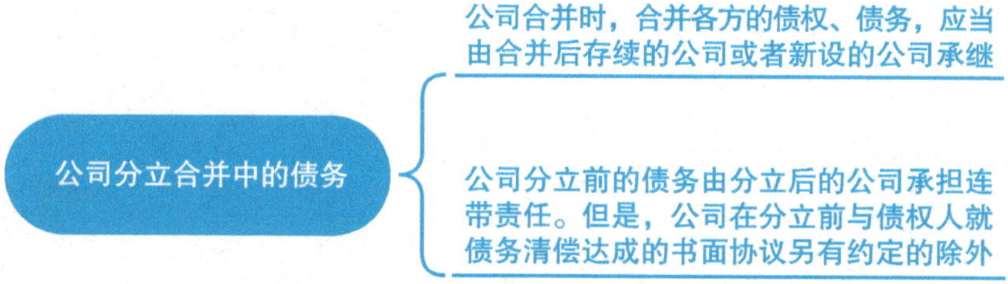
公司分立合并中的债务
公司合并时，合并各方的债权、债务，应当由合并后存续的公司或者新设的公司承继
公司分立前的债务由分立后的公司承担连带责任。但是，公司在分立前与债权人就债务清偿达成的书面协议另有约定的除外

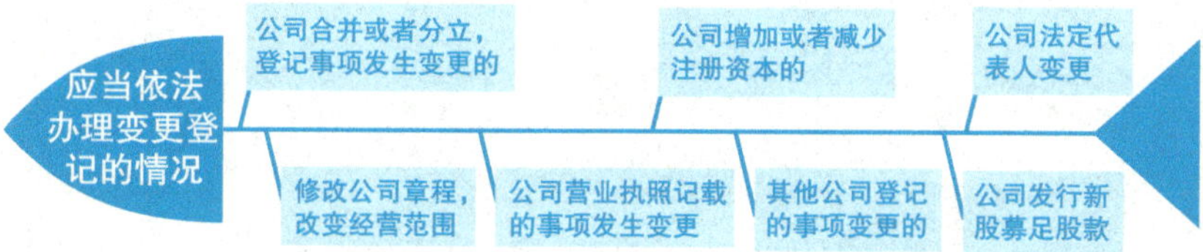
应当依法办理变更登记的情况
公司合并或者分立，登记事项发生变更的
公司增加或者减少注册资本的
公司法定代表人变更
修改公司章程，改变经营范围
公司营业执照记载的事项发生变更
其他公司登记的事项变更的
公司发行新股募足股款

公司减少注册资本

- 必须编制资产负债表及财产清单
- 公司应当自作出减少注册资本决议之日起十日内通知债权人，并于三十日内在报纸上公告
- 债权人自接到通知书之日起三十日内，未接到通知书的自公告之日起四十五日内，有权要求公司清偿债务或者提供相应的担保

10. 公司合并前应当通知债权人吗？

◆ 案例分析

大齐服装有限责任公司自成立以来，始终坚持质量第一、顾客至上的经营理念，所以销售额一直不错，逐渐成为当地服装业界数一数二的大企业。2019 年，大齐服装有限责任公司为了扩大经营规模，获取更大的利润，进一步提高竞争力，有意将百城服装有限责任公司和长兴服装有限责任公司吞并。大齐服装有限责任公司分别与两个公司协商，最终达成一致，完成了合并的相关手续。三家公司成了一家公司，统称为大齐服装有限责任公司。但三家公司并未通知合并前的债权人。那么，公司合并前应当通知债权人吗？

公司合并过程中依法负有通知义务。根据《公司法》第一百七十二条的规定，公司合并分为吸收合并和新设合并两种方式。两个或两个以上的公司合并为原有某一公司的方式为吸收合并，合并后成立一家新的公司就属于新设合并。根据《公司法》第一百七十三条的规定："公司合并，应当由合并各方签订合并协议，并编制资产负债表及财产清单。公司应当自作出合并决议之日起十日内通知债权人，并于三十日内在报纸上公告……"据此可知，案例中三家公司属于吸收合并，在合并过程中应履行通知义务，以维护债权人的合法权益。

◆ 法律条文

《中华人民共和国公司法》

第一百七十二条　公司合并可以采取吸收合并或者新设合并。

一个公司吸收其他公司为吸收合并，被吸收的公司解散。两个以上公司合并设立一个新的公司为新设合并，合并各方解散。

第一百七十三条　公司合并，应当由合并各方签订合并协议，并编制资产负债表及财产清单。公司应当自作出合并决议之日起十日内通知债权人，并于三十日内在报纸上公告。债权人自接到通知书之日起三十日内，未接到通知书的自公告之日起四十五日内，可以要求公司清偿债务或者提供相应的担保。

深度解析

除了强强联合以外，在公司合并过程中，也可能会出现与比自己弱小的公司合并的情形，这样一来公司总体实力下降，势必会影响债权人的债权实现。所以就要求公司将合并事实通知债权人，基于合理怀疑的情况出现，法律在此赋予债权人异议权利，可以要求公司清偿债务或者提供相应担保。当然，如果债权人在法定期限内没有提出异议，则表示对债务人转换的默认。

11. 如何处理公司合并前的债务?

◆ 案例分析

长旺家电有限责任公司因管理不善、技术落后以及地理位置不好等因素，经济效益持续下降，最终入不敷出，导致负债高达300万元。兴盛家电有限责任公司正处于公司发展的鼎盛时期，公司销售额持续上升，已吞并多家小公司。2020年4月，兴盛家电有限责任公司为了进一步扩大规模，打算吸收合并长旺家电有限责任公司。经过协商，双方达成协议，并办理了相关手续。长旺家电有限责任公司在合并前的债务到期，债权人要求其偿还债务，但该公司已被合并。那么，该如何处理公司合并前的债务呢?

案例中，兴盛家电有限责任公司应该承担合并之前长旺家电有限责任公司的债务。根据《公司法》第一百七十四条的规定："公司合并时，合并各方的债权、债务，应当由合并后存续的公司或者新设的公司承继。"因此，兴盛家电有限责任公司吸收合并长旺家电有限责任公司后，存续公司为兴盛家电有限责任公司，兴盛家电有限责任公司依法应承继合并前长旺家电有限责任公司的负债300万元。

◆ 法律条文

《中华人民共和国公司法》

第一百七十四条 公司合并时，合并各方的债权、债务，应当由合并后存续的公司或者新设的公司承继。

深度解析

公司合并时，无论是吸收合并还是新设合并，在合并后，势必有且只有一家公司得以存在，无论这家公司是原有的公司还是新创建的公司，在合并过程中，被解散公司的资产和人员最终都投入合并后存在的公司中，而债权、债务也是公司财产的一部分，所以自然也要随之流转。这是为了防止恶意逃避债务的发生，保护公司以及对公司享有债权的债权人的合法利益。

12. 公司分立的法定程序是什么？

◆ 案例分析

长兴服装有限责任公司主要经营两大业务，分别是服装设计业务和服装制造业务。由于两大业务的管理方式和经营理念存在很大差别，导致两大业务越来越独立，致使在公司的发展方向上的意见分歧越来越大。于是，长兴服装有限责任公司决定按照业务将公司分立，各自走各自的道路。那么，公司分立的法定程序是什么？

公司分立须经股东会决议等法定程序。公司分立是指一个公司依照有关法律、法规规定分成两个或两个以上公司的法律行为。根据《公司法》第四十三条的规定，有限责任公司合并、分立、解散或者变更公司形式的决议，必须在股东会上经代表三分之二以上表决权的股东通过。这比通常半数以上表决权通过决议的要求更为严格。此外，根据该法第一百七十五条的规定："公司分立，其财产作相应的分割。公司分立，应当编制资产负债表及财产清单，公司应当自作出分立决议之日起十日内通知债权人，并于三十日内在报纸上公告。"因此，本案中长兴服装有限责任公司应在股东会中通过公司分立的决议，编制负债表及财产清单，并予以公告，履行告知义务。

◆ 法律条文

《中华人民共和国公司法》

第四十三条　股东会的议事方式和表决程序，除本法有规定的外，由公司章程规定。

股东会会议作出修改公司章程、增加或者减少注册资本的决议，以及公司合并、分立、解散或者变更公司形式的决议，必须经代表三分之二以上表决权的股东通过。

第一百七十五条　公司分立，其财产作相应的分割。

公司分立，应当编制资产负债表及财产清单。公司应当自作出分立决议之日起十日内通知债权人，并于三十日内在报纸上公告。

深度解析

公司分立会影响到债权人的利益，所以依法通知债权人也是必经的法定程序，这是为了保障债权人利益而作的专门规定。此外，公司分立也影响到全体股东的利益，所以需要经由股东大会表决通过，且须经过股东大会三分之二以上表决权的股东通过。

13. 如何处理公司分立前的债务?

◆ 案例分析

美达美食有限责任公司主要生产、销售奶制品和零食。两大部门分别主打一个业务，在管理方式和经营理念以及销售策略方面均不同。该公司的发展蒸蒸日上，所占市场份额不断扩大。但两大部门存在诸多矛盾，如管理层意见不合、对公司发展方向及投资计划存在不同认识等。为了使得公司的两大业务更好地发展，拥有更大的发展空间，股东会决议该公司分立并办理了相关手续。但对于原公司的债务并没有做出处理。那么，该如何处理公司分立前的债务呢?

案例中，分立前原公司的债务应由分立后的两个公司承担连带责任。公司分立为两家新企业后，原公司法律主体资格消灭，也就是所谓的新设分立。对于新设分立中债务的承担问题，《民法典》第六十七条第二款规定："法人分立的，其权利和义务由分立后的法人享有连带债权，承担连带债务，但是债权人和债务人另有约定的除外。"《公司法》第一百七十六条同样规定："公司分立前的债务由分立后的公司承担连带责任。但是，公司在分立前与债权人就债务清偿达成的书面协议另有约定的除外。"因此，公司分立后，原有的债务由分立后的公司承担。分立企业如未与债权人达成协议，则分立后的各企业对原债务承担连带责任。在本案中，分立后的两家公司未就债务清偿达成协议，则对于原公司的债务依法承担连带清偿责任。

◆ 法律条文

《中华人民共和国民法典》

第六十七条　法人合并的，其权利和义务由合并后的法人享有和承担。

法人分立的，其权利和义务由分立后的法人享有连带债权，承担连带债务，但是债权人和债务人另有约定的除外。

《中华人民共和国公司法》

第一百七十六条　公司分立前的债务由分立后的公司承担连带责任。但是，公司在分立前与债权人就债务清偿达成的书面协议另有约定的除外。

深度解析

分立后的企业法人依法承继分立前公司法人的权利与义务，其中就包括了偿付债权人债务的义务。为了充分保障债权人的利益，防止恶意逃避债务，法律规定了分立后的公司对于分立前的债务承担连带责任，即每一家公司在法律上都负有清偿的义务。但是，在此之前，债权人与债务人已经达成协议的应当遵照协议执行。

14. 公司减资有义务通知债权人吗？

◆ 案例分析

美美服装有限责任公司注册资本是60万元，由李某、王某和张某共同出资成立。在成立之初，三人齐心协力经营公司，取得了良好的销售业绩。就在前段时间，该公司决定购置一批新设备以提高服装制作效率，满足客户的需求。为此，张某向朋友宋某借了10万元流动资金。然而在购置新设备后，并没有取得预想的经济利益，反而由于购买以及维修新设备耗费了大量财力。之后，该服装公司决定减少注册资本8万元。在公司减资之后，债权人宋某才得知此事，因此非常不满。请问，公司减资须通知债权人吗？

依法减资是《公司法》赋予公司的权利，但公司减资会降低其偿债能力，对公司债权人的利益产生不利影响。因此，《公司法》第一百七十七条规定，公司决定减资的，应当自作出减资决议之日起十日内通知债权人，并于三十日内在报纸上公告。债权人自接到通知书之日起三十日内，未接到通知书的自公告之日起四十五日内，有权要求公司清偿债务或者提供相应的担保。因此，本案中，美美服装有限责任公司决定减资后，有义务通知债权人宋某，债权人宋某有权要求该公司清偿债务或者提供相应的担保。

◆ 法律条文

《中华人民共和国公司法》

第一百七十七条　公司需要减少注册资本时，必须编制资产负债表及财产清单。

公司应当自作出减少注册资本决议之日起十日内通知债权人，并于三十日内在报纸上公告。债权人自接到通知书之日起三十日内，未接到通知书的自公告之日起四十五日内，有权要求公司清偿债务或者提供相应的担保。

深度解析

债权人基于公司的现状与公司发生债权债务关系，那么一旦公司发生减资情况，债权人的债权担保范围就要减小，这很可能影响到债权人债权的偿付，所以债权人依法可以要求公司清偿自己的债务，或者是提供相应的担保来消除自己的合理怀疑，保护自己的合法利益。

15. 增加注册资本必须办理变更登记吗?

◆ 案例分析

李某和张某共同出资成立了一家张李美食有限责任公司，注册资本为60万元。张某善于营销，积极开拓市场；李某善于管理，学习并采用先进的管理方法。二人的亲密合作，使得该美食有限责任公司的效益极好。为了扩大经营规模，占领更广阔的市场，赚取更多利润，李某和张某决定增加注册资本15万元，不久后两人果真增加了注册资本15万元。有人告诉二人需要办理变更登记，二人却一致认为有钱就投资，用自己的钱来生钱，又不会给别人造成损失。请问，增加注册资本必须办理变更登记吗?

增加注册资本必须依法办理变更登记手续。增加注册资本可分为主动增资和被动增资两种类型。有限责任公司增加注册资本主要采取增加出资的方式，既可以由原股东增加出资，也可以邀请原股东以外的第三人出资。《公司法》第一百七十九条第二款规定：“公司增加或者减少注册资本，应当依法向公司登记机关办理变更登记。”也就是说，虽然增加注册资本通常是对公司和债权人有利的，但是变更登记不能省。因此在本案中，张李美食有限责任公司增加注册资本须到市场监督管理部门进行变更登记。

◆ 法律条文

《中华人民共和国公司法》

第一百七十九条第二款　公司增加或者减少注册资本，应当依法向公司登记机关办理变更登记。

深度解析

公司增减注册资本需要依法办理变更登记，这样方便有关机关对公司进行审查，明确公司的资本运作，也有利于其他公司在进行合作意向选择时对公司有一个清晰的认识。在增加注册资本后，公司所发生的债权、债务关系都是基于全新的注册资本而发生的，办理登记则是为防止公司恶意减持这部分资本进而损害相关债权人的合法利益。而经过登记，可以有效防止恶意减资或者抽取注册资本挪作他用情况的发生。

第三章
企业股权法律知识

- 有限责任公司的股权转让
  - 股东向股东以外的人转让股权，应当经其他股东过半数同意
    - 股东应就其股权转让事项书面通知其他股东征求同意，其他股东自接到书面通知之日起满三十日未答复的，视为同意转让
    - 其他股东半数以上不同意转让的，不同意的股东应当购买该转让的股权；不购买的，视为同意转让
      - 经股东同意转让的股权，在同等条件下，其他股东有优先购买权
        - 两个以上股东主张行使优先购买权的，协商确定各自的购买比例
        - 协商不成的，按照转让时各自的出资比例行使优先购买权
  - 股东之间可以相互转让其全部或者部分股权
  - 公司章程对股权转让另有规定的，从其规定

- 有限责任公司有这些情形之一的，对股东会该项决议投反对票的股东可以请求公司按照合理的价格收购其股权
  - 公司连续五年不向股东分配利润，而公司该五年连续盈利，并且符合本法规定的分配利润条件的
  - 公司合并、分立、转让主要财产的
  - 公司章程规定的营业期限届满或者章程规定的其他解散事由出现，股东会会议通过决议修改章程使公司存续的
    - 自股东会会议决议通过之日起六十日内，股东与公司不能达成股权收购协议的，股东可以自股东会会议决议通过之日起九十日内向人民法院提起诉讼

股份有限公司的招股说明书应当附有发起人制定的公司章程，并载明这些事项

- 募集资金的用途
- 认股人的权利、义务
- 本次募股的起止期限及逾期未募足时认股人可以撤回所认股份的说明
- 发起人认购的股份数
- 每股的票面金额和发行价格
- 无记名股票的发行总数

股票

- 采取的形式
  - 纸面形式
  - 国务院证券监督管理机构规定的其他形式
- 载明的主要事项
  - 公司名称
  - 公司成立日期
  - 股票种类、票面金额及代表的股份数
  - 股票的编号
- 由法定代表人签名，公司盖章
- 发起人的股票，应当标明发起人股票字样

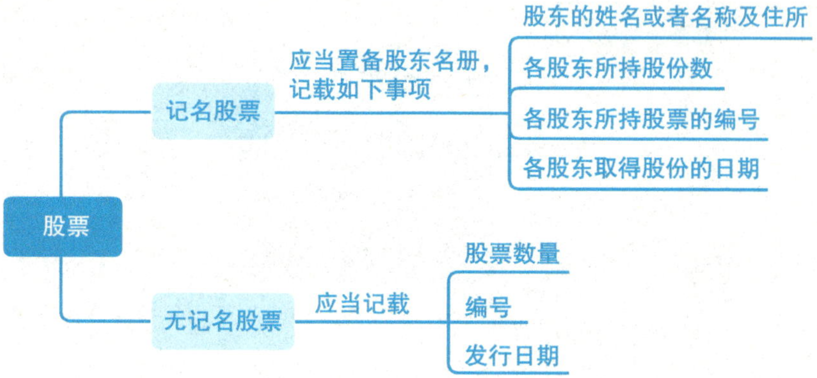
股票
记名股票
应当置备股东名册，
记载如下事项
股东的姓名或者名称及住所
各股东所持股份数
各股东所持股票的编号
各股东取得股份的日期
无记名股票
应当记载
股票数量
编号
发行日期

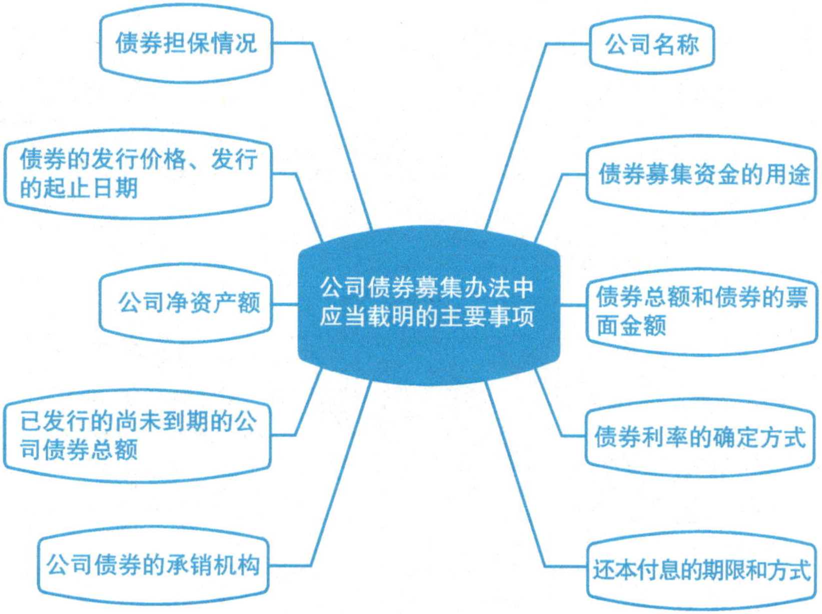
公司债券募集办法中
应当载明的主要事项
公司名称
债券募集资金的用途
债券总额和债券的票
面金额
债券利率的确定方式
还本付息的期限和方式
债券担保情况
债券的发行价格、发行
的起止日期
公司净资产额
已发行的尚未到期的公
司债券总额
公司债券的承销机构

股份有限公司可以收购本公司股份的情形

- 减少公司注册资本
  - 应当经股东大会决议
  - 收购后，应当自收购之日起十日内注销
- 与持有本公司股份的其他公司合并
  - 应当经股东大会决议
  - 收购后，应当在六个月内转让或者注销
- 将股份用于员工持股计划或者股权激励
  - 可以依照公司章程的规定或者股东大会的授权，经三分之二以上董事出席的董事会会议决议
  - 收购后，公司合计持有的本公司股份数不得超过本公司已发行股份总额的百分之十，并应当在三年内转让或者注销
  - 上市公司应当通过公开的集中交易方式进行
- 股东因对股东大会作出的公司合并、分立决议持异议，要求公司收购其股份
  - 收购后，应当在六个月内转让或者注销
- 将股份用于转换上市公司发行的可转换为股票的公司债券
  - 可以依照公司章程的规定或者股东大会的授权，经三分之二以上董事出席的董事会会议决议
  - 收购后，公司合计持有的本公司股份数不得超过本公司已发行股份总额的百分之十，并应当在三年内转让或者注销
  - 上市公司应当通过公开的集中交易方式进行
- 上市公司为维护公司价值及股东权益所必需
  - 可以依照公司章程的规定或者股东大会的授权，经三分之二以上董事出席的董事会会议决议
  - 收购后，公司合计持有的本公司股份数不得超过本公司已发行股份总额的百分之十，并应当在三年内转让或者注销
  - 上市公司应当通过公开的集中交易方式进行

上市公司收购本公司股份的，应当依照《中华人民共和国证券法》的规定履行信息披露义务

公司不得接受本公司的股票作为质押权的标的

16. 发起人持有的股票与向社会发放的股票有何区别?

◆ 案例分析

2015年，十家小型化妆品销售公司集资成立了一家进销高端化妆品的股份有限公司，注册资本为5000万元。由于良好的市场环境和国家的宽松政策，该公司发展非常之快，不到三年公司市值就达3亿元之多。对此，经股东大会决定，公司将在2019年于深交所上市，并向国务院证券监督管理机构及交易所递交申请，向社会发行占总股本30%的市场股票来扩大经营，寻求更大发展。那么，该公司向社会发行的股票与作为投资人的十家化妆品公司所持的股票是一样的吗？如果不一样，又存在怎样的差别？

二者是存在差异的。一般的股份有限公司想要其股票上市，必须符合《公司法》的相关规定，经国务院证券监督管理部门批准后，方可在证券交易所上市。公司上市后，其股份组成相应地就发生变化，一部分是原始出资人的股份，另一部分是上市公开募集的流通股，这两部分股票是不同的。根据《公司法》第一百二十九条的规定，公司向发起人、法人发行的股票，应当为记名股票，并应当记载该发起人、法人的名称或者姓名。对向社会公开发行股票，即通过证券交易取得股票的普通认股人的股票没有特别规定，一般是不记名股票。不记名股票的票面不记载股东姓名，股票持有人只凭股票所附息票领取股息，可以自由转让，无须办理过户手续，而发起人的记名股票则不可以自由转让。那么针对本案，可以很容易区分这两种股票存在的区别。

◆ 法律条文

《中华人民共和国公司法》

第一百二十九条　公司发行的股票，可以为记名股票，也可以为无记名股票。

公司向发起人、法人发行的股票，应当为记名股票，并应当记载该发起人、法人的名称或者姓名，不得另立户名或者以代表人姓名记名。

第一百三十条　公司发行记名股票的，应当置备股东名册，记载下列事项：

（一）股东的姓名或者名称及住所；

（二）各股东所持股份数；

（三）各股东所持股票的编号；

（四）各股东取得股份的日期。

发行无记名股票的，公司应当记载其股票数量、编号及发行日期。

深度解析

公司向发起人、法人发行的股票为记名股票向社会发放的是不记名股票，也称为流通股。我国法律设立记名股票是出于对出资人及公司的保护目的。只有记名股东才得享有股东权，明确参与到公司的生产管理中，激发股东权利的行使，而且记名股票存在记录，易于挂失、更加安全。同时，出于保护公司及其他出资人的合法权益的考虑，法律对于记名股票的转让作出了必要的程序规定。而不记名股票则是为了减少程序，促进资金的交易与流通，增加市场活力而设定的。

17. 按照我国法律规定，股权转让应采用什么方式?

◆ 案例分析

张中磊高中毕业后就没有再读书，几年来跑业务挣下了一份家产，并娶妻生子。敢闯敢拼的他非常看好股市，想投些钱进去，于是购买了某上市商贸公司0.5%的无记名股票。几年下来，虽然赚了一些钱，但股市的浮浮沉沉让张中磊觉得很吃力，再加上自己想要开公司，需要资金，于是决定将持有的股票转让，同时需要转让的还有张中磊拥有的另一家小企业的记名股票。那么，按照我国法律规定，张中磊应以什么方式来转让股票呢?

首先需要明确的是，股东对所持有的股份是可以依法进行转让的。根据《公司法》第一百三十七条、第一百三十八条、第一百三十九条第一款、第一百四十条的规定，股东持有的股份可以依法转让。股东转让其股份，应当在依法设立的证券交易场所进行或者按照国务院规定的其他方式进行。记名股票，由股东以背书方式或者法律、行政法规规定的其他方式转让；转让后由公司将受让人的姓名或者名称及住所记载于股东名册。无记名股票的转让，由股东将该股票交付给受让人后即发生转让的效力。在本案中，张中磊手中分别持有上市公司的不记名股票和小企业的记名股票，想要一次性全部转让出去，那么就要分别按照记名与不记名股票的转让方式进行，也就是不记名股票可以通过证券交易所或者直接交付进行交易，记名股票则通过背书或者法律规定的其他方式进行交易。

◆ 法律条文

《中华人民共和国公司法》

第一百三十七条 股东持有的股份可以依法转让。

第一百三十八条 股东转让其股份，应当在依法设立的证券交易场所进行或者按照国务院规定的其他方式进行。

第一百三十九条第一款 记名股票，由股东以背书方式或者法律、行政法规规定的其他方式转让；转让后由公司将受让人的姓名或者名称及住所记载于股东名册。

第一百四十条 无记名股票的转让，由股东将该股票交付给受让人后即发生转让的效力。

深度解析

股权代表着一定的财产关系，同时还包含一定的身份认可，因此股份有限公司的股权转让必须按照法律规定的方式进行。法律允许股权进行转让是为了保护市场资本的自由，也是为了保护股东的自主选择权，对于记名股票与不记名股票转让方式分别作出不同规定，则是根据这两种股票的自身特性来针对性制定的，可以更好地保护股东、公司以及转让第三人的利益，维护正常的交易秩序。

18. 发起人和高管转让股份，是否与一般股东一样？

◆ 案例分析

2017 年，蒋某、杨某与齐某每人出资 500 万元成立了一家生产纺织品的股份有限公司。三人对外人不放心，便商量决定由有一定管理经验的蒋某担任公司总经理，并因此再享有公司 2% 的股份。2019 年，蒋某的小舅子开了一家软件开发公司，提出丰厚的条件请他过去帮忙，蒋某因平日就有开发电脑软件的爱好，再考虑到现在公司发展得并不乐观，便决定辞去总经理一职，转让手中持有的所有股份。那么，法律对此是如何规定的？作为公司发起人和高管的蒋某，其转让股份与一般股东是否一样？

发起人和公司高管因身份的特殊性，在企业的生产经营过程中扮演着重要的角色，所以对于他们的股份转让，法律作出了明确的规定，目的是充分保护公司和其他股东的利益。根据《公司法》第一百四十一条的规定："发起人持有的本公司股份，自公司成立之日起一年内不得转让。公司公开发行股份前已发行的股份，自公司股票在证券交易所上市交易之日起一年内不得转让。公司董事、监事、高级管理人员应当向公司申报所持有的本公司的股份及其变动情况，在任职期间每年转让的股份不得超过其所持有本公司股份总数的百分之二十五；所持本公司股份自公司股票上市交易之日起一年内不得转让。上述人员离职后半年内，不得转让其所持有的本公司股份。公司章程可以对公司董事、监事、高级管理人员转让其所持有的本公司股份作出其他限制性规定。”由此可见，法律对发起人和高管转让股份是有严格限制的。在本案中，需要区别对待。因为蒋某手中的股份是分为两部分的，一部分是自己作为发起人，在缴纳出资、公司成立后自然获得的股份，还有2%的股份是自己兼任公司总经理，公司对其劳动的奖励。所以对于这两类股份应当分别对待，按照相应的法律规定来进行转让。

◆ 法律条文

《中华人民共和国公司法》

第一百四十一条 发起人持有的本公司股份，自公司成立之日起一年内不得转让。公司公开发行股份前已发行的股份，自公司股票在证券交易所上市交易之日起一年内不得转让。

公司董事、监事、高级管理人员应当向公司申报所持有的本公司的股份及其变动情况，在任职期间每年转让的股份不得超过其所持有本公司股份总数的百分之二十五；所持本公司股份自公司股票上市交易之日起一年内不得转让。上述人员离职后半年内，不得转让其所持有的本公司股份。公司章程可以对公司董事、监事、高级管理人员转让其所持有的本公司股份作出其他限制性规定。

深度解析

为避免发起人借设立公司投机牟利，通过股份的转让赚取差价或者是进行欺诈、逃避债务等违法行为，法律对于发起人转让公司股份作出了限制性规定，其目的是保护其他股东及第三人的利益。对于高管，因为其在公司的生产经营活动中起着领导作用，所以为了防止高管利用手中的权力损害公司和股东的利益，法律对于高管的股份转让也是作出了严格规定。

19. 有限责任公司前景不好，股东可以任意撤资吗？

◆ 案例分析

2013 年，陈某在朋友的劝说下出资 200 万元入股朋友的餐饮娱乐有限责任公司，约定每年获得一定的分红。开始的几年，由于地方政策优厚，公司发展前景不错，在几个县城都开了连锁店。后来，因为地方经济下行，各大饭店生意一度萧条，陈某和朋友的公司也难幸免。2020 年年初，公司旗下的饭店几经改革都收效甚微，陈某见状不想再在该公司继续入股，于是以为儿子购置新房为由要求撤回出资，被朋友回绝。那么，有限责任公司的股东有权撤资吗？

案例中的陈某不能自行撤回出资。公司作为独立的法人，拥有独立的财产，股东合法出资后，其出资所有权归属于公司，股东不能对其主张所有权。公司运行中股东任意撤回出资的行为，在法律上属于抽逃出资，对此，《公司法》第三十五条明确规定："公司成立后，股东不得抽逃出资。"如允许其随意撤回出资，不仅会影响公司正常的生产经营，而且会严重损害公司债权人的利益。据此，案例中陈某不能任意撤回出资，但他可以通过股份转让的方式退出该公司。

◆ 法律条文

《中华人民共和国公司法》

第三十五条 公司成立后，股东不得抽逃出资。

深度解析

当股东将自己的出资交付公司，并且经过登记后，这部分财产就脱离了股东的实际管控，转为属于公司的集体财产了。公司股东一旦抽逃出资，那么整个公司的总资产将会减少，这会影响到公司的发展及其他股东的利益，也会影响到公司债权人债权实现的担保范围，所以法律对此是明文禁止的。

20. 两个股东应如何竞买同一股权?

◆ 案例分析

某奢侈品进口公司是由四个人共同投资成立的一家有限责任公司，张某、唐某、林某及魏某每人出资 100 万元。随着生活水平的提高，人们对生活品质有了更高的要求，因此公司的奢侈品生意越发兴隆。2019 年，年事已高的魏某打算跟女儿去国外安度晚年，想要转让自己在公司的股份。公司的另两名股东张某和唐某都想购买该股权。那么，股权应转让给谁？又要遵循什么样的原则？

优先购买权的行使以“同等的股权转让交易条件”为基础。《公司法》第七十一条第三款规定：“经股东同意转让的股权，在同等条件下，其他股东有优先购买权。两个以上股东主张行使优先购买权的，协商确定各自的购买比例；协商不成的，按照转让时各自的出资比例行使优先购买权。”也就是说，在转让价格因素“同等条件”下，多个股东均可行使优先购买权，具体的购买比例协商不成的，按转让时各自的出资比例行使。案例中张某和唐某在同等条件下都可以行使优先购买权，对购买比例协商不成的，按照他们各自的出资比例购买相应股份，即 1∶1。

◆ 法律条文

《中华人民共和国公司法》

第七十一条第三款　经股东同意转让的股权，在同等条件下，其他股东有优先购买权。两个以上股东主张行使优先购买权的，协商确定各自的购买比例；协商不成的，按照转让时各自的出资比例行使优先购买权。

深度解析

有限责任公司中，对于经股东同意转让的股权，在同等条件下，股东享有优先购买权，即可以先于公司外部人士对该转让股权进行购买。但是当两个以上的股东都对转让股权主张行使优先购买权时，为了维护公司股东之间的信任关系，保证股权转让的公正、公平，法律规定主张行使优先购买权的股东，应该先经过协商确定各自购买的比例，如果协商不成，则按照转让时各自的出资比例进行分配。

21. 公司连年盈利，得不到分红的股东应怎么做来维护自己的权益？

◆ 案例分析

2013 年，市场嗅觉敏锐的季先生投资了孙某开办的一家生产户外用品的有限责任公司，前后共出资 50 万元。由于市场越来越大，孙某的公司生产的户外用品又质量好、价格合适，因此公司营业额几年来几乎呈直线上升，盈利也年年攀升。开始的几年，季先生向孙某要求分红时，孙某却以扩大公司规模为由劝说季先生眼光要长远，季先生觉得孙某说得很有道理，自己确实也不缺钱花，就答应了。可一连几年下来，季先生没拿到一分钱的分红。2019 年年底，季先生决定向孙某讨个说法。那么，得不到分红的股东可以怎么做来维护自己的权益呢？

季先生可以请求公司收购其股权来维护自己的权益。公司作为市场经济中的元素，追求盈利是其特点之一。股东作为所属公司股权的享有者，在公司有盈余时依法获取分红是其固有权利。根据《公司法》第七十四条的规定，公司连续五年不向股东分配利润，而公司该五年连续盈利，并且符合本法规定的分配利润条件的，对股东会该项决议投反对票的股东可以请求公司按照合理的价格收购其股权。案例中该有限责任公司成立六年了，一直没有给季先生分配过红利，这严重侵害了他的权益。因此季先生可以依法要求公司收购其股权，这当中包括其股份的价值和应该分配给他的红利。

◆ 法律条文

《中华人民共和国公司法》

第七十四条　有下列情形之一的，对股东会该项决议投反对票的股东可以请求公司按照合理的价格收购其股权：

（一）公司连续五年不向股东分配利润，而公司该五年连续盈利，并且符合本法规定的分配利润条件的；

（二）公司合并、分立、转让主要财产的；

（三）公司章程规定的营业期限届满或者章程规定的其他解散事由出现，股东会会议通过决议修改章程使公司存续的。

自股东会会议决议通过之日起六十日内，股东与公司不能达成股权收购协议的，股东可以自股东会会议决议通过之日起九十日内向人民法院提起诉讼。

深度解析

公司收购股权是股东转让股权的一种特殊方式，但由于收购者是本公司，其性质就不单纯是股权的转让，而是股东撤回投资退出公司的行为。这是在“资本多数决原则”的情况下，赋予中小股东或少数股东维护自身权益的救济措施的制度设计。当公司的控股股东或代表多数表决权的股东利用股东会会议决议的方式，客观上造成“绑架”或“裹挟”其他股东，使其合理期待的利益落空或者蒙受额外风险的威胁时，后者可以利用法律规定的救济措施，实现退出公司的目的。

22. 股东可否优先购买其他股东被法院强制执行的股权？

◆ 案例分析

某医疗器械有限责任公司股东齐某在该公司的股份于2019年9月被法院强制执行，在公司内引起了不小的波动。原来，齐某在2017年向朋友借款40万元到期未还，朋友诉至法院，齐某败诉，但仍拒绝履行法院判决。法院调查之后发现齐某在该公司的股份价值约合30万元，另有一辆轿车价值约为15万元，可供执行，因此对齐某的轿车和股份强制执行。那么，该公司的其他股东对齐某的股份有优先购买权吗？

在强制执行中，股东仍可以主张优先购买权。股权因其具有固有的财产性和可转让性，已成为法院强制执行的对象。根据《公司法》第七十二条的规定："人民法院依照法律规定的强制执行程序转让股东的股权时，应当通知公司及全体股东，其他股东在同等条件下有优先购买权。其他股东自人民法院通知之日起满二十日不行使优先购买权的，视为放弃优先购买权。"据此可知，在股东股权被强制执行时，其他股东在同等条件下享有优先购买权。须注意的是，该优先购买权须在法定期限内行使，逾期将被视为放弃。因此，案例中公司的其他股东须在接到法院通知后的20天内主张自己的优先购买权。

◆ 法律条文

《中华人民共和国公司法》

第七十二条　人民法院依照法律规定的强制执行程序转让股东的股权时，应当通知公司及全体股东，其他股东在同等条件下有优先购买权。其他股东自人民法院通知之日起满二十日不行使优先购买权的，视为放弃优先购买权。

深度解析

有限责任公司是基于人合因素而形成的，法律为了充分保护股东之间的信任，赋予了公司股东对于转让股权在同等条件下的优先购买权。由于人民法院强制执行股东股权时，要通过拍卖方式将股权以合理价格转让，所以最终很可能是由公司外部人士获得股权，法律为了保护公司的人合性，赋予了强制执行程序中其他股东享有优先购买权。

23. 虚构债权债务关系将出资转出的，可以认定为抽逃出资吗？

◆ 案例分析

李某早年间投身商海，挣了一些钱。但由于李某没有诚信，因此其在本地商圈的口碑极差，当地人都不愿与之合作。后来，李某开始到外地谋求发展，与马某成立某公司，各出资 250 万元，李某任总经理。拿了几年分红后，李某认为该公司不会再有大发展，但每年的分红当零花钱也不错，不想放弃，于是想出了一个办法：他命人注册了一家商贸公司，公司名义上与自己无任何关系，实质上其为该公司的实际控制人。后李某以本公司总经理名义与商贸公司签订协议，借款 250 万元给该商贸公司，将自己的出资转出。那么，李某的行为可以认定为抽逃出资吗？

李某通过虚构债权债务将出资转出的行为可以认定为抽逃出资。抽逃出资是指在公司验资注册后，股东将所缴出资暗中撤回，却仍保留股东身份和原有出资数额的一种欺诈性违法行为。根据《最高人民法院关于适用〈中华人民共和国公司法〉若干问题的规定（三）》第十二条的规定："公司成立后，公司、股东或者公司债权人以相关股东的行为符合下列情形之一且损害公司权益为由，请求认定该股东抽逃出资的，人民法院应予支持：（一）制作虚假财务会计报表虚增利润进行分配；（二）通过虚构债权债务关系将其出资转出；（三）利用关联交易将出资转出；（四）其他未经法定程序将出资抽回的行为。”案例中，李某通过虚构债权债务关系将其出资转出的行为可以认定为抽逃出资。

◆ 法律条文

《最高人民法院关于适用〈中华人民共和国公司法〉若干问题的规定（三）》

第十二条　公司成立后，公司、股东或者公司债权人以相关股东的行为符合下列情形之一且损害公司权益为由，请求认定该股东抽逃出资的，人民法院应予支持：

（一）制作虚假财务会计报表虚增利润进行分配；

（二）通过虚构债权债务关系将其出资转出；

（三）利用关联交易将出资转出；

（四）其他未经法定程序将出资抽回的行为。

深度解析

公司股东通过违法的形式进行抽逃出资行为，会影响到公司总体资产的运营，会损害公司及其他股东的利益，会相应地损害公司债权人债权可实现的担保范围，所以在发现股东有法律认定的抽逃出资的行为情况下，公司、公司股东或者公司债权人都可以请求人民法院认定股东抽逃出资。对于抽逃出资行为的认定，法律主要规定有制作虚假财务会计报表虚增利润进行分配，或者通过虚构债权债务关系将其出资转出，或者利用关联交易将出资转出等，这些行为的共性是股东利用不正当的财务账目或者关联交易将自己的出资转移出公司的可控范围，实现抽逃的目的，这是法律所禁止的。

24. 公司高级管理人员协助股东抽逃出资，应负什么责任？

◆ 案例分析

某有限责任公司股东向某借外债未还，急需 30 万元资金。几经周折之下，向某找到了该公司总经理赵某，请求赵某将自己出资的 50 万元拿出来，并许诺会给赵某 2 万元报酬。赵某一开始不答应，但禁不住向某的请求和丰厚的报酬诱惑，决心冒险一试。2019 年 9 月，赵某成功帮向某抽逃出资 50 万元，并如愿拿到了 2 万元报酬。在公司年终审计时事情暴露，赵某被辞退。那么，赵某作为协助抽逃出资的人应负什么责任？

赵某作为协助抽逃出资的人也要承担相应法律责任。根据《最高人民法院关于适用〈中华人民共和国公司法〉若干问题的规定（三）》第十四条第一款的规定："股东抽逃出资，公司或者其他股东请求其向公司返还出资本息、协助抽逃出资的其他股东、董事、高级管理人员或者实际控制人对此承担连带责任的，人民法院应予支持。"由此可见，赵某作为公司高级管理者，协助向某抽逃出资，侵犯了公司的财产权和其他股东的合法权益，应当承担返还出资本息的连带责任。同时，根据该条第二款的规定，协助抽逃出资的其他股东对抽逃出资的股东在抽逃出资本息范围内对公司债务不能清偿的部分承担连带清偿责任。

◆ 法律条文

《最高人民法院关于适用〈中华人民共和国公司法〉若干问题的规定（三）》

第十四条 股东抽逃出资，公司或者其他股东请求其向公司返还出资本息、协助抽逃出资的其他股东、董事、高级管理人员或者实际控制人对此承担连带责任的，人民法院应予支持。

公司债权人请求抽逃出资的股东在抽逃出资本息范围内对公司债务不能清偿的部分承担补充赔偿责任、协助抽逃出资的其他股东、董事、高级管理人员或者实际控制人对此承担连带责任的，人民法院应予支持；抽逃出资的股东已经承担上述责任，其他债权人提出相同请求的，人民法院不予支持。

深度解析

公司一经成立，股东的出资便归属于公司法人，股东的抽逃出资行为势必会影响到公司总体和其他股东的利益，所以公司或者其他股东可依法请求其返还出资本息，协助抽逃的股东、董事、高级管理人员或者实际控制人在此范围内应当承担连带责任，这样才能充分保护公司和无牵连股东的利益。对公司债务享有债权的债权人也可以要求抽逃出资股东在抽逃出资本息部分范围内，对于公司不能偿付的部分进行补充清偿，协助抽逃出资的法定人员也应在此范围内承担连带责任。

第四章
企业事务执行法律知识

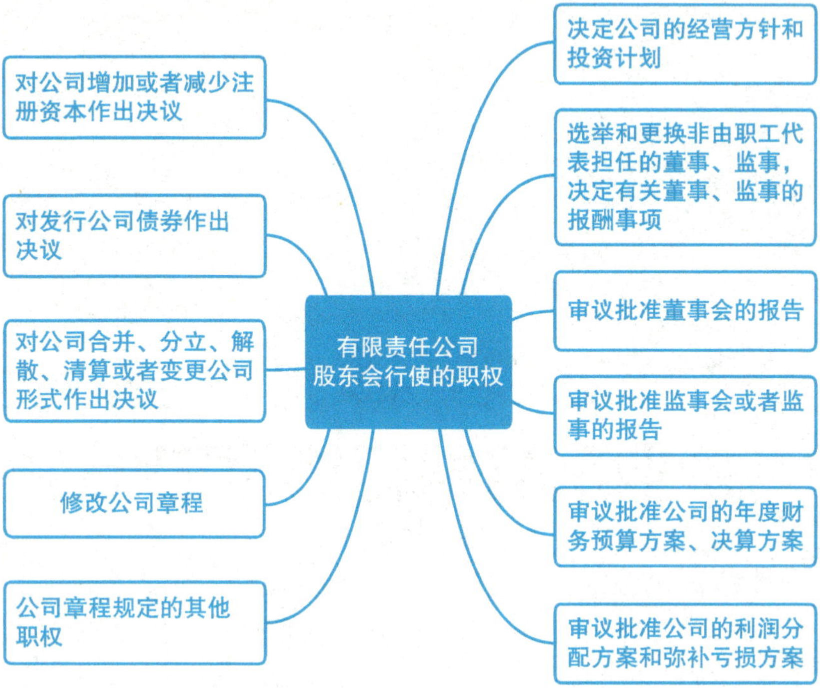
有限责任公司
股东会行使的职权
对公司增加或者减少注册资本作出决议
对发行公司债券作出决议
对公司合并、分立、解散、清算或者变更公司形式作出决议
修改公司章程
公司章程规定的其他职权
决定公司的经营方针和投资计划
选举和更换非由职工代表担任的董事、监事，决定有关董事、监事的报酬事项
审议批准董事会的报告
审议批准监事会或者监事的报告
审议批准公司的年度财务预算方案、决算方案
审议批准公司的利润分配方案和弥补亏损方案

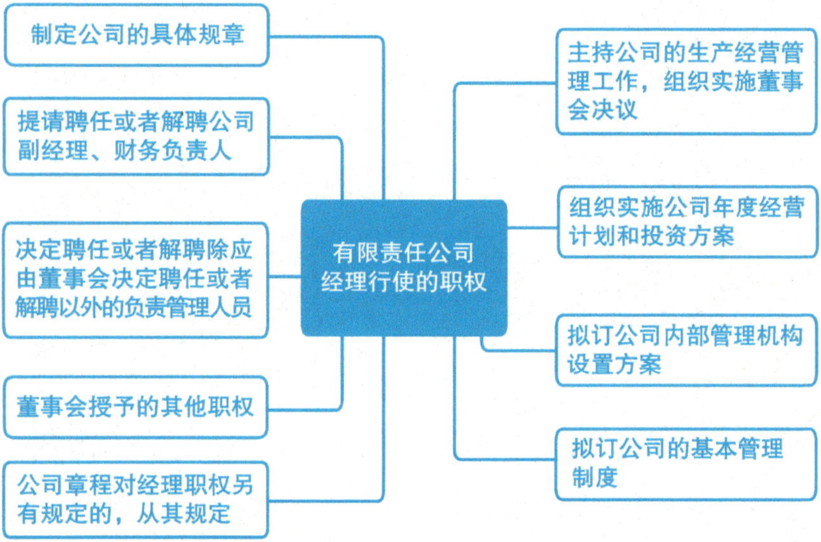
有限责任公司
经理行使的职权
制定公司的具体规章
提请聘任或者解聘公司副经理、财务负责人
决定聘任或者解聘除应由董事会决定聘任或者解聘以外的负责管理人员
董事会授予的其他职权
公司章程对经理职权另有规定的，从其规定
主持公司的生产经营管理工作，组织实施董事会决议
组织实施公司年度经营计划和投资方案
拟订公司内部管理机构设置方案
拟订公司的基本管理制度

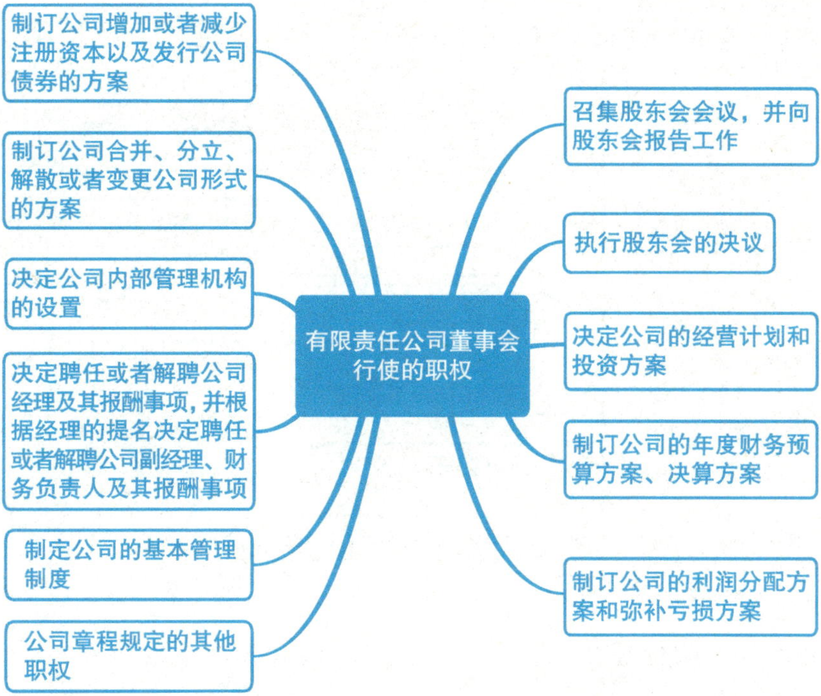
有限责任公司董事会行使的职权
制订公司增加或者减少注册资本以及发行公司债券的方案
制订公司合并、分立、解散或者变更公司形式的方案
决定公司内部管理机构的设置
决定聘任或者解聘公司经理及其报酬事项，并根据经理的提名决定聘任或者解聘公司副经理、财务负责人及其报酬事项
制定公司的基本管理制度
公司章程规定的其他职权
召集股东会会议，并向股东会报告工作
执行股东会的决议
决定公司的经营计划和投资方案
制订公司的年度财务预算方案、决算方案
制订公司的利润分配方案和弥补亏损方案

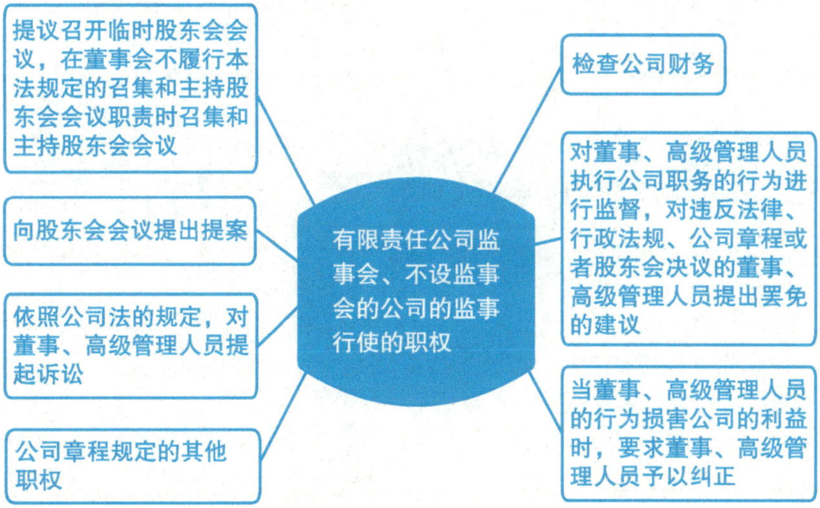
有限责任公司监事会、不设监事会的公司的监事行使的职权
提议召开临时股东会会议，在董事会不履行本法规定的召集和主持股东会会议职责时召集和主持股东会会议
向股东会会议提出提案
依照公司法的规定，对董事、高级管理人员提起诉讼
公司章程规定的其他职权
检查公司财务
对董事、高级管理人员执行公司职务的行为进行监督，对违反法律、行政法规、公司章程或者股东会决议的董事、高级管理人员提出罢免的建议
当董事、高级管理人员的行为损害公司的利益时，要求董事、高级管理人员予以纠正

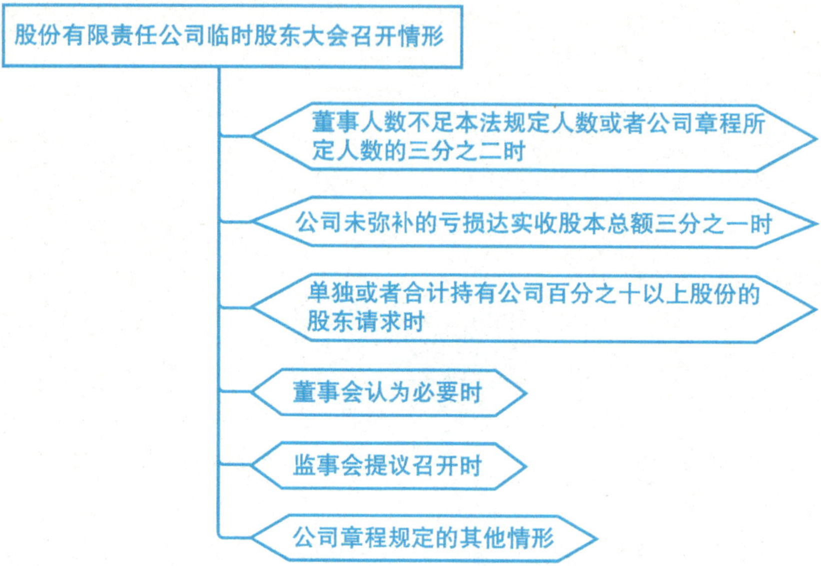
股份有限责任公司临时股东大会召开情形
董事人数不足本法规定人数或者公司章程所定人数的三分之二时
公司未弥补的亏损达实收股本总额三分之一时
单独或者合计持有公司百分之十以上股份的股东请求时
董事会认为必要时
监事会提议召开时
公司章程规定的其他情形

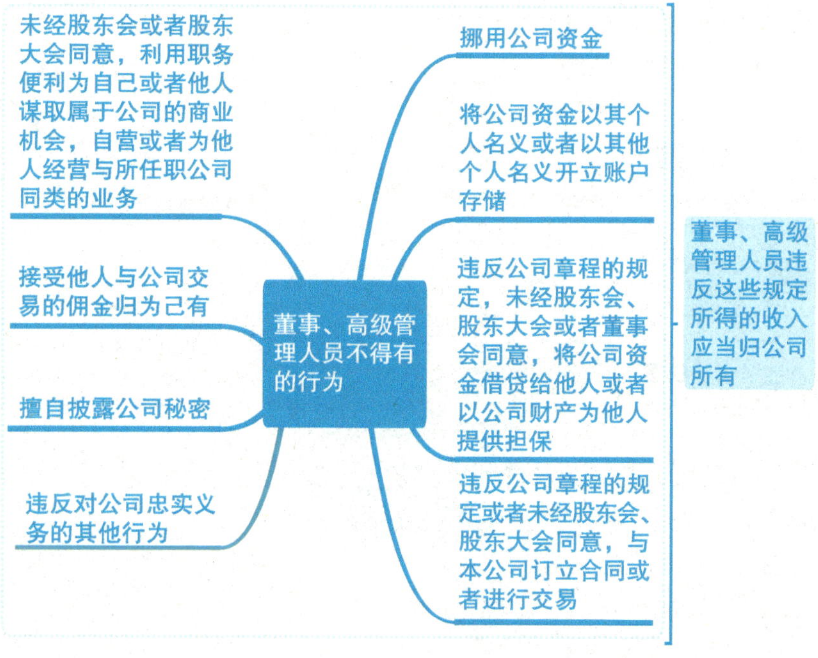
董事、高级管理人员不得有的行为
挪用公司资金
将公司资金以其个人名义或者以其他个人名义开立账户存储
违反公司章程的规定，未经股东会、股东大会或者董事会同意，将公司资金借贷给他人或者以公司财产为他人提供担保
违反公司章程的规定或者未经股东会、股东大会同意，与本公司订立合同或者进行交易
未经股东会或者股东大会同意，利用职务便利为自己或者他人谋取属于公司的商业机会，自营或者为他人经营与所任职公司同类的业务
接受他人与公司交易的佣金归为己有
擅自披露公司秘密
违反对公司忠实义务的其他行为
董事、高级管理人员违反这些规定所得的收入应当归公司所有

- 不得担任公司的董事、监事、高级管理人员的情形
  - 无民事行为能力或者限制民事行为能力
  - 因贪污、贿赂、侵占财产、挪用财产或者破坏社会主义市场经济秩序，被判处刑罚，执行期满未逾五年，或者因犯罪被剥夺政治权利，执行期满未逾五年
  - 担任破产清算的公司、企业的董事或者厂长、经理，对该公司、企业的破产负有个人责任的，自该公司、企业破产清算完结之日起未逾三年
  - 担任因违法被吊销营业执照、责令关闭的公司、企业的法定代表人，并负有个人责任的，自该公司、企业被吊销营业执照之日起未逾三年
  - 个人所负数额较大的债务到期未清偿
  - 以上情形：公司违反这些规定选举、委派董事、监事或者聘任高级管理人员的，该选举、委派或者聘任无效。董事、监事、高级管理人员在任职期间出现这些情形的，公司应当解除其职务

25. 董事会成员因出资不同投票权有差别吗?

◆ 案例分析

泰山公司是一家专门经营各类小家电的有限公司，去年公司效益很好。为了能有更好的发展前景，今年年初该公司决定召开董事会以确定今后新的发展方向。在董事会上，一部分股东主张增加小家电的种类，而另一部分股东则认为小家电市场已基本饱和，没有更多的发展空间，建议进军化妆品行业，以实现多元化经营，更好地保障公司的效益。双方对此争执不下，在此种情况下，董事会决定通过投票来选择发展方向。那么，在董事会成员出资不同的情况下投票权有差别吗?

董事会由股东会选举组成，定期对公司管理、经营等方面事务进行商谈，最终做出有利于公司发展和有利于维护股东利益的决策。根据《公司法》第四十八条的规定:“董事会的议事方式和表决程序，除本法有规定的外，由公司章程规定。董事会应当对所议事项的决定作成会议记录，出席会议的董事应当在会议记录上签名。董事会决议的表决，实行一人一票。”本案中，该公司董事会成员对今后公司的发展方向存在分歧，所以采用投票的方式，每位董事会成员都有权投票，拥有同样的效力，投票权与出资无关。

◆ 法律条文

《中华人民共和国公司法》

第四十八条　董事会的议事方式和表决程序，除本法有规定的外，由公司章程规定。

董事会应当对所议事项的决定作成会议记录，出席会议的董事应当在会议记录上签名。

董事会决议的表决，实行一人一票。

深度解析

在董事会会议的议事方式和表决程序上，相比于股份有限公司，法律对于有限责任公司的规定较为灵活，除了法律作出专门规定的情形以外，董事会会议方式和表决程序由公司章程规定即可，这是考虑到有限责任公司因人合性而形成，不涉及第三方和公众利益。同时对于董事会会议作出的决定应当进行记录，并经由董事确认签字。董事会决议的表决权，实行一人一票制。

26. 监事对本公司的财务情况表示怀疑的，有权进行调查吗？

◆ 案例分析

房某向来工作一丝不苟、认真负责，为此公司职工代表大会决定选举他为本公司的监事。房某上任后秉承一贯的工作作风并得到了大家的好评。有一次，房某发现公司的财务部长下班后偷偷从保险柜中提取了一笔现金，他觉得蹊跷，第二天便提出要对本公司的财务状况进行调查。那么，房某有权这么做吗？公司的监事对本公司的财务状况表示怀疑的，有权进行调查吗？

公司的财务状况关系到公司未来的发展，《公司法》第五十四条第二款规定："监事会、不设监事会的公司的监事发现公司经营情况异常，可以进行调查；必要时，可以聘请会计师事务所等协助其工作，费用由公司承担。"本案中，监事房某发现公司财务部长有异常举动，其有权进行调查以弄清原因，必要时可以聘请专业人员协助调查，其目的是维护公司的利益。

◆ 法律条文

《中华人民共和国公司法》

第五十四条第二款 监事会、不设监事会的公司的监事发现公司经营情况异常，可以进行调查；必要时，可以聘请会计师事务所等协助其工作，费用由公司承担。

深度解析

监事会或者不设监事会的公司的监事对于公司经营状况享有调查权。为了监事会或者公司监事得以充分行使监事权利，保障公司及股东的合法利益，法律规定了监事会或者公司监事可以在发现公司经营状况异常时进行调查，必要时可以聘请会计师事务所进行协助调查。此种调查权的行使只可在发现公司经营状况异常时行使，这是对监事调查权的限制，防止因为调查权滥用而影响公司的正常秩序。对于因调查产生的费用，由公司进行承担。

27. 对于冒用他人名义出资并将该他人作为股东在公司登记机关登记的行为，由谁承担相应的责任？

◆ 案例分析

贾某是某个人独资企业的老板，2019 年 12 月的一天，贾某突然接到当地法院传票，称贾某以某公司名义借贷的 30 万元逾期未还，该信贷部门已经将贾某告上了法庭。贾某看后一头雾水，自己并没有以此公司的名义借贷过，且自己根本不是该公司的股东，也不曾参与过该公司的任何事务。那么，对于这种冒用他人名义出资并将他人作为股东在公司登记机关登记的行为，该由谁承担相应的责任呢？

根据我国《最高人民法院关于适用〈中华人民共和国公司法〉若干问题的规定（三）》第二十八条的规定：“冒用他人名义出资并将该他人作为股东在公司登记机关登记的，冒名登记行为人应当承担相应责任；公司、其他股东或者公司债权人以未履行出资义务为由，请求被冒名登记为股东的承担补足出资责任或者对公司债务不能清偿部分的赔偿责任的，人民法院不予支持。”由此可见，未经他人同意冒用他人名义登记为股东的人应当承担相应责任，被他人冒用姓名登记为股东的人不是公司的股东，不需要承担补足出资或者清偿公司债务的责任。

姓名权是公民依法享有的决定、使用、变更自己的姓名并要求他人尊重自己姓名的一种人格权利。冒用他人姓名者，侵犯了他人的姓名权，将承担侵权责任。

◆ 法律条文

《最高人民法院关于适用〈中华人民共和国公司法〉若干问题的规定（三）》

第二十八条　冒用他人名义出资并将该他人作为股东在公司登记机关登记的，冒名登记行为人应当承担相应责任；公司、其他股东或者公司债权人以未履行出资义务为由，请求被冒名登记为股东的承担补足出资责任或者对公司债务不能清偿部分的赔偿责任的，人民法院不予支持。

深度解析

当事人因为对公司履行出资义务而享有股东资格，但是出资人的名义须是真实而有效的。如果冒用他人名义进行出资，并将他人作为股东在公司登记机关登记，则冒名登记行为人应当承担相应的责任，这是为保护其他股东的权益，防止出现冒名股东只享有股东权利，在公司发生债务时却逃避责任的情况。为了保护被冒名人利益，法律规定当其他股东或者债权人要求补齐出资或者承担公司不能清偿的债务时，应当以冒名人为被告。

28. 个人独资的有限责任公司的股东将公司财产和个人财产混淆的，需要承担什么责任吗？

◆ 案例分析

郭某是一家个人独资有限责任公司的股东，因为自己就是老板，郭某并不曾严格区分公司与自己的财产。2019 年 3 月，郭某决定投资新项目。由于公司资金不够，郭某便从家中拿出了 50 万元，但是新项目并没有得到预期的效果，从一开始便一直亏损。最后，郭某不得不放弃该项目，但是由此出现了资不抵债的情况。对于个人独资的有限责任公司的股东郭某来说，其将公司财产和个人财产混淆了，需要承担什么责任吗？

根据《公司法》第六十三条的规定："一人有限责任公司的股东不能证明公司财产独立于股东自己的财产的，应当对公司债务承担连带责任。"本案中，郭某认为公司属于自己所有，公司经营运作避免不了继续投资，所以公私财产没必要分清楚，但是如果公司因经营不善导致负债，在没有分清公私财产的情况下，郭某须以个人私有财产对公司债务承担连带责任，即以其私有财产偿还债务。

◆ 法律条文

《中华人民共和国公司法》

第六十三条 一人有限责任公司的股东不能证明公司财产独立

于股东自己的财产的，应当对公司债务承担连带责任。

深度解析

鉴于一人有限责任公司只存在一名股东，为了防止股东侵占公司财产，损害公司债权人利益的情况发生，我国法律规定在一人有限责任公司股东不能证明公司财产独立于股东自己财产的情况下，股东应当对公司债务承担连带责任。这样的规定可以有效防止股东侵占公司财产情况的发生，充分保障债权人债权的实现。

29. 行使临时提案权时股东应该怎么做?

◆ 案例分析

张某是某股份有限公司的股东，持有本公司1%的股份。在一次外出工作时，张某发现本公司的产品在当地是一个空白，他觉得只要多加推广肯定会有很好的效益。为此，张某在当地做了多方调研，并且对相应的推广工作做出了粗略的估计。2020年3月，张某所在的股份有限公司召开股东大会，张某决定在会上提出自己的方案。张某的做法对吗？行使临时提案权时，股东应该怎么做？

股东提案权是股东向股东大会提出供大会审议或表决的议题或者议案的权利。该项权利能够保证股东将其关心的问题提交给股东大会讨论，有助于提高股东在股东大会中的主动地位，实现对公司经营的决策参与和监督。根据《公司法》第一百零二条第一款的规定："召开股东大会会议，应当将会议召开的时间、地点和审议的事项于会议召开二十日前通知各股东；临时股东大会应当于会议召开十五日前通知各股东；发行无记名股票的，应当于会议召开三十日前公告会议召开的时间、地点和审议事项。"这就给股东准备议题议案并提交讨论留出了充足的时间。根据该条第二款的规定，只要是单独或者合计持有公司百分之三以上股份的股东，就可以在股东大会召开十日前提出临时提案并书面提交董事会；董事会会在收到提案后二日内通知其他股东，并将该临时提案提交股东大会审议。当然，股东的临时提案的提案内容应当属于股东大会职权范围，并有明确议题和具体决议事项。本案中，张某只持有公司1%的股份，所以其依法不具有提案权，但是他可以和别的股东联合，当合计持有3%以上股份时就可以行使提案权。

◆ 法律条文

《中华人民共和国公司法》

第一百零二条第一款、第二款　召开股东大会会议，应当将会议召开的时间、地点和审议的事项于会议召开二十日前通知各股东；临时股东大会应当于会议召开十五日前通知各股东；发行无记名股票的，应当于会议召开三十日前公告会议召开的时间、地点和审议事项。

单独或者合计持有公司百分之三以上股份的股东，可以在股东大会召开十日前提出临时提案并书面提交董事会；董事会应当在收到提案后二日内通知其他股东，并将该临时提案提交股东大会审议。临时提案的内容应当属于股东大会职权范围，并有明确议题和具体决议事项。

深度解析

董事会在某些情况下可能会就公司管理等方面事宜与股东存在利益冲突，所以为了充分保护中小股东利益，法律赋予了股东提案权。当符合法律规定股份的股东认为有需要时，在规定的时限内可以向董事会提交临时提案，提案内容必须属于股东大会职权范围，并且有具体事项和解决办法。董事会则负有通知其他股东并且将提案上交股东大会的义务。设定此制度，能有效限制董事会权力过大可能会对股东造成损害，赋予股东保护自身利益的法律途径。

30. 股东大会对上市公司购买金额超过总资产 30% 的应如何处理?

◆ 案例分析

胡某是某房地产上市公司的总经理，2019 年 6 月，胡某看上了当地开发区的一片空地，想要投资建设一个大型的商业园区。经过周密的测算评估，此项投资大约需要人民币 7 亿元，已经超过了公司总资产的 30%。针对此事，众股东议论纷纷没有达成一致的意见，为此决议召开股东大会做进一步的商讨。那么，股东大会对上市公司购买金额超过总资产 30% 的应如何处理?

上市公司，是指其股票在证券交易所上市交易的股份有限公司，该类公司的资合性强，公司的资产相当一部分来源于社会大众资产者，牵涉人员利益众多。根据《公司法》第一百二十一条的规定："上市公司在一年内购买、出售重大资产或者担保金额超过公司资产总额百分之三十的，应当由股东大会作出决议，并经出席会议的股东所持表决权的三分之二以上通过。"也就是说，当一年内上市公司资产交易超过公司总资产的 30% 时，为尽可能保护出资股东的利益，法律硬性要求在该事项决议上，上市公司应当召开股东大会，由股东大会作出决议，并经出席会议的股东所持表决权的三分之二以上通过。

◆ 法律条文

《中华人民共和国公司法》

第一百二十条 本法所称上市公司，是指其股票在证券交易所上市交易的股份有限公司。

第一百二十一条 上市公司在一年内购买、出售重大资产或者担保金额超过公司资产总额百分之三十的，应当由股东大会作出决议，并经出席会议的股东所持表决权的三分之二以上通过。

深度解析

上市公司通过证券交易所向社会公众发行无记名股票，所以当公司进行购买、出售重大资产或者进行重大担保时，势必会牵涉到持有无记名股票的社会公众的利益，因此，法律规定其在进行购买等活动并且达到一定的金额时，必须要召开股东大会作出决议，这样可以最大限度地保障股东及社会持有人的利益，维护公司的正常稳定发展。由于所涉及的金额比较巨大，所以在股东大会决议表决时适用特别表决程序，即须由出席会议的股东所持有表决权的三分之二以上通过方可实行。

31. 没有约定利润分配比例的合伙企业，应该如何分配利润？

◆ 案例分析

朱某和柴某合伙开了个面粉厂，厂子虽然刚刚成立但效益很好。肖某见状便想要加入，因为朱某和柴某当初分别投资 20 万元，遂允许肖某也投资 20 万元。于是肖某在 2019 年 1 月 1 日正式加入该合伙企业。快到年底时，三人准备对当年的净利润进行分配。肖某觉得既然出资额一样，利润就该平均分配，但是朱某认为自己和柴某先投资的而肖某是后投资的，虽然出资额一样也应该给自己和柴某多分配。那么，谁的说法正确？没有约定利润分配比例的合伙企业应该如何分配利润呢？

合伙企业中合伙人无论出资多少，以何种方式出资，都有参加利润分配的权利。根据《合伙企业法》第三十三条第一款规定，合伙企业的利润分配按照合伙协议的约定办理；合伙协议未约定或者约定不明确的，由合伙人协商决定；协商不成的，由合伙人按照实缴出资比例分配、分担；无法确定出资比例的，由合伙人平均分配、分担。本案中朱某、柴某、肖某三人签订的合伙协议中未约定利润分配方式，可以由三人协商确定，但三人意见不一，未能达成一致意见，因此只能按照三人实缴出资额确定分配比例。

◆ 法律条文

《中华人民共和国合伙企业法》

第三十三条 合伙企业的利润分配、亏损分担，按照合伙协议的约定办理；合伙协议未约定或者约定不明确的，由合伙人协商决定；协商不成的，由合伙人按照实缴出资比例分配、分担；无法确定出资比例的，由合伙人平均分配、分担。

合伙协议不得约定将全部利润分配给部分合伙人或者由部分合伙人承担全部亏损。

深度解析

合伙企业利润分配首先按照合伙协议约定，其次是由合伙人协商确定，只有在以上两种方法都无法确定利润分配方式时，法律才规定了按照实缴出资比例分配利润的方式，这体现了合伙人意思自治优先于法律规定的原则，但意思自治也必须遵循公平的原则，因此为防止显失公平，法律也对合伙协议约定合伙企业的利润分配设定了一个基本界限，即合伙协议不得约定将全部利润分配给部分合伙人。

32. 合伙人对合伙企业的债务承担什么责任？

◆ 案例分析

于某、张某、李某三人共同投资成立了某普通合伙企业，三人的出资额分别为 10 万元、15 万元和 20 万元。起初该合伙企业经营顺利、效益可观，后来由于技术和市场等种种原因该合伙企业开始亏损，三人为了保证企业的正常运转向当地银行借贷了 20 万元且至今未还。借贷并没有使合伙企业扭亏为盈，无奈，三人决定将该合伙企业清算后归还银行欠款。可是经过清算企业仅余 3 万元，那么剩余的债务该怎么办呢？合伙人对合伙企业的债务应该承担什么责任？

根据《合伙企业法》第三十八条、第三十九条的规定，合伙企业对其发生的债务，应先以其全部财产进行清偿，不能清偿的，合伙人承担无限连带责任。在本案中，合伙企业应清偿的银行贷款 20 万元应先以企业全部财产，即清算时仅剩的 3 万元进行偿还，剩余的 17 万元债务则由三个合伙人承担无限连带责任。也就是说，三个合伙人要以其合伙企业出资以外的个人财产清偿 17 万元债务，直到债务还清为止。三个合伙人虽然已经签订合伙协议，约定了按照出资比例分担债务，但合伙人不能以偿还其应承担的份额为由免除其对外应承担的无限连带责任，因为合伙协议只是三人内部约定，对于债权人银行没有约束力，银行可以根据自己的清偿利益请求全体合伙人中的一人或者数人承担全部清偿责任。如果三个合伙人中有合伙人实际支付的债务数额超过合伙协议中确定比例所承担的数额，那么根据《合伙企业法》第四十条的规定，该合伙人有权就超过的部分向其他未支付或者未足额支付应承担数额的合伙人追偿。

◆ 法律条文

《中华人民共和国合伙企业法》

第三十八条 合伙企业对其债务，应先以其全部财产进行清偿。

第三十九条 合伙企业不能清偿到期债务的，合伙人承担无限连带责任。

第四十条 合伙人由于承担无限连带责任，清偿数额超过本法第三十三条第一款规定的其亏损分担比例的，有权向其他合伙人追偿。

深度解析

各合伙人实缴的财产集中起来后形成合伙企业财产，这种财产及由此产生的债务已与合伙人相分离，企业应以这一财产直接对债权人承担偿付债务的义务，直到企业财产资不抵债。但普通合伙企业虽获得相对独立的法律地位，却仍没有像法人企业那样成为完全人格化的主体，所以不能像公司股东那样仅以其出资额为限承担责任，只能由合伙人对合伙企业的债务承担无限连带责任。

33. 合伙人想退出合伙企业的，合伙企业的债权债务怎么处理呢？

◆ 案例分析

焦某同李某、刘某合伙开了一家快餐店，一开始快餐店的生意还不错，但是因为近几年快餐市场饱和，生意就不那么红火了，为了提高经济效益，三人决定另开一家西餐店，并为此贷款 10 万元。2020 年 4 月，焦某因自身原因决定退伙，并请求退还自己投资的 20 万元，李某和刘某不同意，认为应该将焦某的出资额扣除其应负担的债务后再退还给焦某。那么，合伙人想要退出普通合伙企业的，合伙企业的债权债务该怎么处理呢？

退伙，是指合伙人退出合伙企业，从而丧失合伙人资格。退伙一般有两种原因：一是自愿退伙，二是法定退伙。合伙人退伙，按照退伙时的生产经营和财产状况进行必要的结算后，应根据现实财产情况进行处理和退还。退伙时企业的现实财产少于原始出资的，按现实财产折算的份额返还退伙人；企业经营持平的，将原始出资财产返还退伙人；企业经营有盈利的，要连同退伙人原始出资和应分得的收益一起返还退伙人。在本案中，焦某提出企业应该返还他出资的 20 万元是不对的，企业应当根据结算结果对其退还财产份额，不一定就是 20 万元。退伙时合伙企业承担债务的，对内，退伙人应按合伙协议规定的亏损分担办法和比例，以自己的财产来抵补亏损，按规定分担亏损；对外，则承担连带责任。焦某退伙时的债务，应当和李某、刘某一起承担连带责任，而非简单地按比例分账就行。

◆ 法律条文

《中华人民共和国合伙企业法》

第五十一条 合伙人退伙，其他合伙人应当与该退伙人按照退伙时的合伙企业财产状况进行结算，退还退伙人的财产份额。退伙人对给合伙企业造成的损失负有赔偿责任的，相应扣减其应当赔偿的数额。

退伙时有未了结的合伙企业事务的，待该事务了结后进行结算。

第五十二条 退伙人在合伙企业中财产份额的退还办法，由合伙协议约定或者由全体合伙人决定，可以退还货币，也可以退还实物。

第五十三条 退伙人对基于其退伙前的原因发生的合伙企业债务，承担无限连带责任。

深度解析

合伙人退伙，须根据合伙企业经营状况对合伙企业财产进行结算，退还合伙人的财产份额。不管合伙人之间如何约定，不管退伙人退伙时是否承担了应承担的份额，退伙人都要对其参与合伙期间所发生的债务承担无限连带责任。

第五章
企业对外交易法律知识

- 格式条款
  - 定义
    - 当事人为了重复使用而预先拟定，并在订立合同时未与对方协商的条款
  - 要求
    - 采用格式条款订立合同的，提供格式条款的一方应当遵循公平原则确定当事人之间的权利和义务，并采取合理的方式提示对方注意免除或者减轻其责任等与对方有重大利害关系的条款，按照对方的要求，对该条款予以说明
    - 提供格式条款的一方未履行提示或者说明义务，致使对方没有注意或者理解与其有重大利害关系的条款的，对方可以主张该条款不成为合同的内容
  - 无效条款的情形
    - 具有《民法典》第一编第六章第三节和第五百零六条规定的无效情形
      - 《民法典》第一编第六章第三节（略）
      - 第五百零六条　合同中的下列免责条款无效：（一）造成对方人身损害的；（二）因故意或者重大过失造成对方财产损失的
    - 提供格式条款一方不合理地免除或者减轻其责任、加重对方责任、限制对方主要权利
    - 提供格式条款一方排除对方主要权利
  - 对格式条款的理解发生争议的
    - 应当按照通常理解予以解释
    - 有两种以上解释的，应当作出不利于提供格式条款一方的解释
    - 格式条款和非格式条款不一致的，应当采用非格式条款

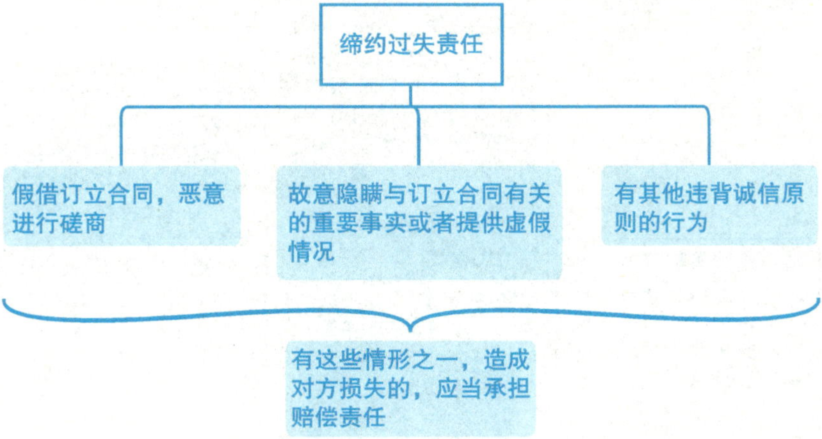
缔约过失责任
假借订立合同，恶意进行磋商
故意隐瞒与订立合同有关的重要事实或者提供虚假情况
有其他违背诚信原则的行为
有这些情形之一，造成对方损失的，应当承担赔偿责任

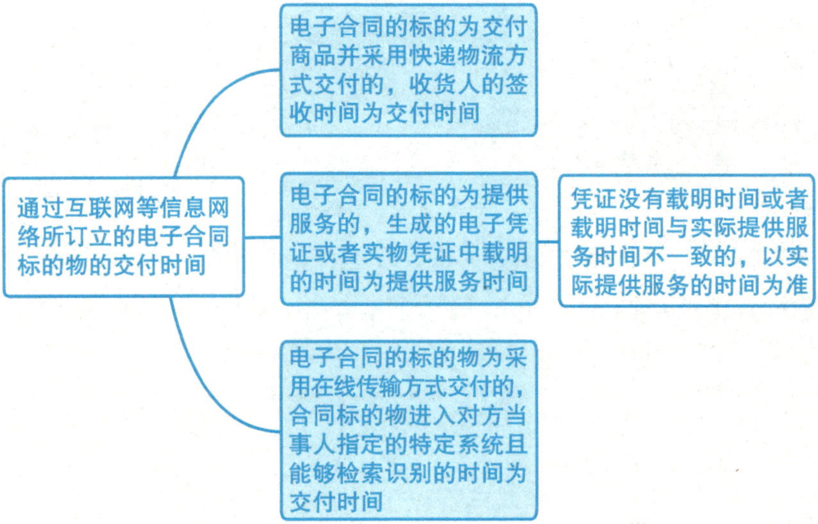
通过互联网等信息网络所订立的电子合同标的物的交付时间
电子合同的标的为交付商品并采用快递物流方式交付的，收货人的签收时间为交付时间
电子合同的标的为提供服务的，生成的电子凭证或者实物凭证中载明的时间为提供服务时间
凭证没有载明时间或者载明时间与实际提供服务时间不一致的，以实际提供服务的时间为准
电子合同的标的物为采用在线传输方式交付的，合同标的物进入对方当事人指定的特定系统且能够检索识别的时间为交付时间

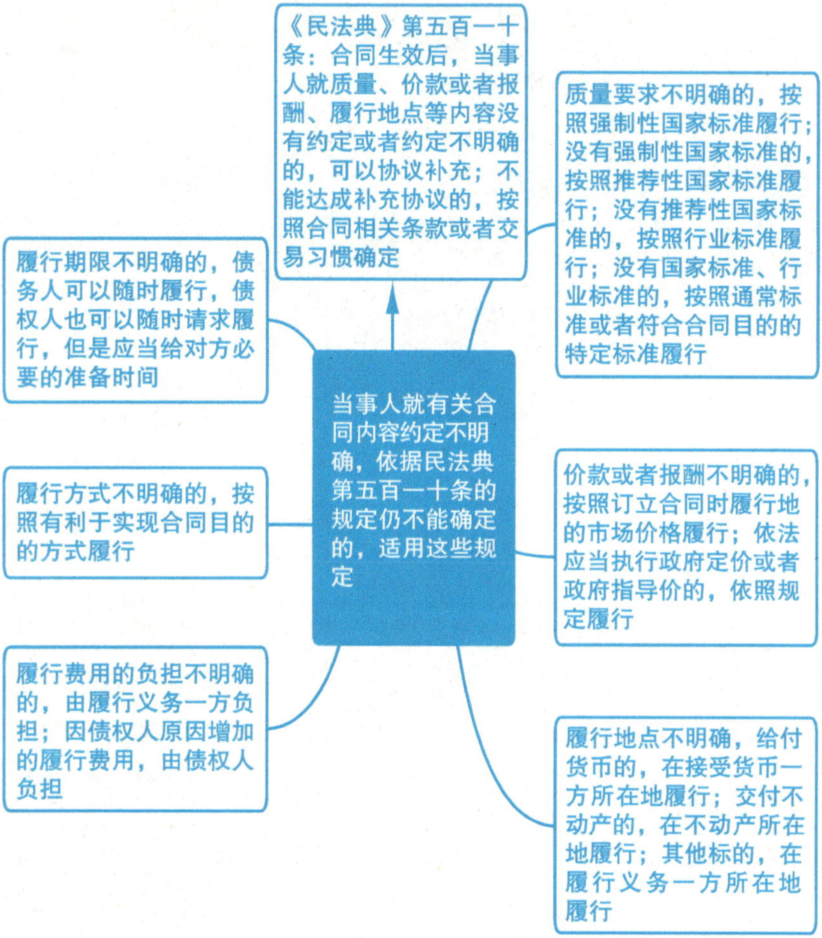
当事人就有关合同内容约定不明确，依据民法典第五百一十条的规定仍不能确定的，适用这些规定
《民法典》第五百一十条：合同生效后，当事人就质量、价款或者报酬、履行地点等内容没有约定或者约定不明确的，可以协议补充；不能达成补充协议的，按照合同相关条款或者交易习惯确定
质量要求不明确的，按照强制性国家标准履行；没有强制性国家标准的，按照推荐性国家标准履行；没有推荐性国家标准的，按照行业标准履行；没有国家标准、行业标准的，按照通常标准或者符合合同目的的特定标准履行
价款或者报酬不明确的，按照订立合同时履行地的市场价格履行；依法应当执行政府定价或者政府指导价的，依照规定履行
履行地点不明确，给付货币的，在接受货币一方所在地履行；交付不动产的，在不动产所在地履行；其他标的，在履行义务一方所在地履行
履行期限不明确的，债务人可以随时履行，债权人也可以随时请求履行，但是应当给对方必要的准备时间
履行方式不明确的，按照有利于实现合同目的的方式履行
履行费用的负担不明确的，由履行义务一方负担；因债权人原因增加的履行费用，由债权人负担

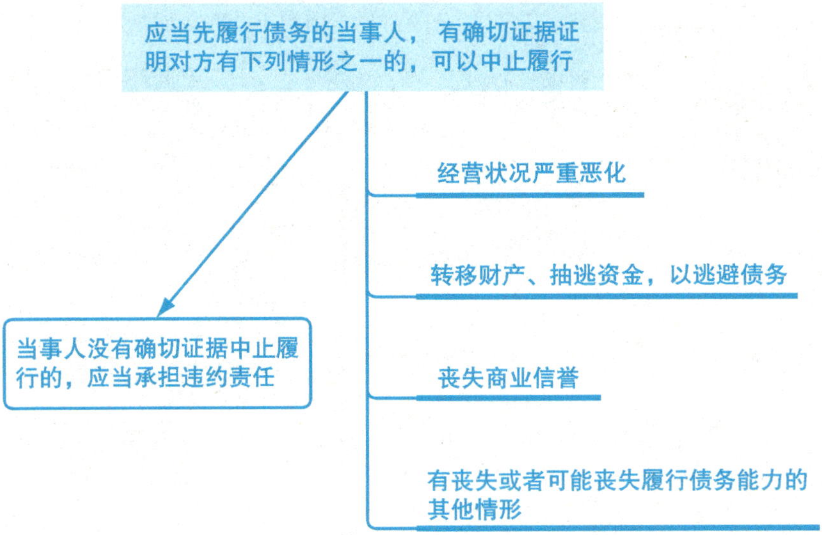
应当先履行债务的当事人，有确切证据证明对方有下列情形之一的，可以中止履行
经营状况严重恶化
转移财产、抽逃资金，以逃避债务
丧失商业信誉
有丧失或者可能丧失履行债务能力的其他情形
当事人没有确切证据中止履行的，应当承担违约责任

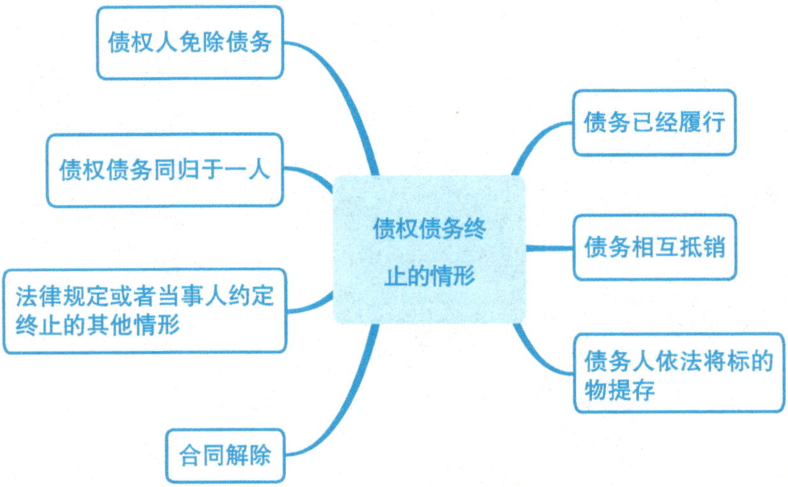
债权债务终止的情形
债权人免除债务
债权债务同归于一人
法律规定或者当事人约定终止的其他情形
合同解除
债务已经履行
债务相互抵销
债务人依法将标的物提存

- 当事人可以解除合同的情形
  - 以持续履行的债务为内容的不定期合同，当事人可以随时解除合同，但是应当在合理期限之前通知对方
  - 因不可抗力致使不能实现合同目的
  - 在履行期限届满前，当事人一方明确表示或者以自己的行为表明不履行主要债务
  - 当事人一方迟延履行主要债务，经催告后在合理期限内仍未履行
  - 当事人一方迟延履行债务或者有其他违约行为致使不能实现合同目的
  - 法律规定的其他情形

- 当事人一方不履行非金钱债务或者履行非金钱债务不符合约定的，对方可以请求履行，但是具有除外情形，具体包括
  - 法律上或者事实上不能履行
  - 债务的标的不适于强制履行或者履行费用过高
  - 债权人在合理期限内未请求履行
  - 有这些规定的除外情形之一，致使不能实现合同目的的，人民法院或者仲裁机构可以根据当事人的请求终止合同权利义务关系，但是不影响违约责任的承担

34. 互负债权债务的情况下，合同双方可以相互行使抵销权吗?

◆ 案例分析

某打字复印社租用某房地产开发公司某小区门面房一间，占地120平方米，每月租金为6000元，约定租金每半年支付一次。半年后，房地产开发公司提出该打字复印社为房地产开发公司制作商业广告牌两组，制作费以打字复印社半年的房租抵销。本案中，合同双方可以相互行使抵销权吗?

抵销，是指合同双方互负债务时，各以其债权充当债务之清偿，而使其债务与对方的债务在对等额内相互消灭。抵销可以节省相互之间给付而产生的费用，降低交易成本。《民法典》第五百六十八条规定："当事人互负债务，该债务的标的物种类、品质相同的，任何一方可以将自己的债务与对方的到期债务抵销；但是，根据债务性质、按照当事人约定或者依照法律规定不得抵销的除外。当事人主张抵销的，应当通知对方。通知自到达对方时生效。抵销不得附条件或者附期限。"本案中，打字复印社依房屋租用合同负担支付房租的义务，房地产开发公司依定制合同负担金钱支付义务，双方的债务都是金钱支付义务，并且双方的债务都已经到期，当事人双方协商一致，依法可以主张抵销。但是打字复印社的房租支付义务是一个长期合同，抵销的只是半年的房租，为确保以后没有其他麻烦，双方可以就该房租抵销订立协议书。

◆ 法律条文

《中华人民共和国民法典》

第五百六十八条 当事人互负债务，该债务的标的物种类、品质相同的，任何一方可以将自己的债务与对方的到期债务抵销；但是，根据债务性质、按照当事人约定或者依照法律规定不得抵销的除外。

当事人主张抵销的，应当通知对方。通知自到达对方时生效。抵销不得附条件或者附期限。

深度解析

抵销依其产生的根据不同，可分为法定抵销和合意抵销两种。法定抵销，是指由法律规定其构成要件，当要件具备时，以当事人一方的意思表示即可发生抵销的效力。法定抵销的要件为：第一，必须是双方当事人互负债务、互享债权；第二，双方互负的债务，必须与其给付种类相同；第三，必须是自动债权已届清偿期；第四，必须是非依债的性质不能抵销。

35. 提存期间，货物受损的风险应当由谁承担？

◆ 案例分析

某服装公司与某商场签订加工承揽合同，由服装公司负责加工西服500套。服装公司按时制作完成，但向定作人某商场交付该批服装时，商场却以种种理由不予接受。服装公司向人民法院申请提存，并申请在商场支付报酬或提供担保前拒绝其受领提存物。在西服提存期间，该地连降大雨，造成部分西服被污损，已经不能出售。西服提存期间被淋霉变，是谁的责任？该如何处理？

提存是指由于债权人的原因使得债务人无法向债权人交付合同标的物时，债务人将该标的物交给提存机关而消灭债务的制度。提存是以清偿为目的，所以货物在被合法提存后，债务人与债权人之间债权债务消灭，合同已经终结，财产的所有权随提存被认定为转为债权人所有。《民法典》第五百七十三条规定："标的物提存后，毁损、灭失的风险由债权人承担。提存期间，标的物的孳息归债权人所有。提存费用由债权人负担。"服装公司与商场签订服装加工承揽合同后，商场无正当理由拒领西服，服装公司可以依法提存西服。西服被提存后，其所有权转为债权人商场所有，商场对其损害灭失等风险负责，该西服被淋霉变应当由商场负责。货物提存都有时间限制，不可能无限期提存下去。《民法典》

第五百七十四条第二款规定："债权人领取提存物的权利，自提存之日起五年内不行使而消灭，提存物扣除提存费用后归国家所有。但是，债权人未履行对债务人的到期债务，或者债权人向提存部门书面表示放弃领取提存物权利的，债务人负担提存费用后有权取回提存物。"可见，该商场为保护西服，最好将西服收回并做相应处理，如长期滞留提存处，过了五年期限西服就收归国有了。

◆ 法律条文

《中华人民共和国民法典》

第五百七十三条 标的物提存后，毁损、灭失的风险由债权人承担。提存期间，标的物的孳息归债权人所有。提存费用由债权人负担。

第五百七十四条 债权人可以随时领取提存物。但是，债权人对债务人负有到期债务的，在债权人未履行债务或者提供担保之前，提存部门根据债务人的要求应当拒绝其领取提存物。

债权人领取提存物的权利，自提存之日起五年内不行使而消灭，提存物扣除提存费用后归国家所有。但是，债权人未履行对债务人的到期债务，或者债权人向提存部门书面表示放弃领取提存物权利的，债务人负担提存费用后有权取回提存物。

深度解析

标的物提存后，不论债权人是否提取，都产生债务消灭的法律后果。根据法律规定，标的物所有权自标的物交付时起转移。提存视为标的物的交付，因此，自提存之日起，提存物的所有权转移，债权人作为提存标的物的所有者，该标的物上的权利由其享有，义务和风险由其承担。

36. 双方就按违约金赔偿还是实际损失赔偿达不成一致意见，怎么处理？

◆ 案例分析

某果品公司与某宾馆签订水果买卖合同，合同金额为 6 万元，双方约定任何一方违约，都要向对方支付 2 万元违约金。后来果品公司违约，给宾馆造成了实际经济损失 1.5 万元。双方就按违约金赔偿还是按实际损失赔偿达不成一致意见，遂起诉到人民法院。在这样的情况下，法院应该支持谁的主张？

违约金是指合同当事人完全不履行或不适当履行债务时，必须按约定给付他方的一定数额的金钱。违约金的数额是双方根据合同内容约定的，也可以约定因违约产生的损失赔偿额的计算方法。当合同一方违约造成的经济损失与约定的违约金不一致时，根据《民法典》第五百八十五条第二款的规定："约定的违约金低于造成的损失的，人民法院或者仲裁机构可以根据当事人的请求予以增加；约定的违约金过分高于造成的损失的，人民法院或者仲裁机构可以根据当事人的请求予以适当减少。"在本案中，果品公司违约给宾馆造成的经济损失是 1.5 万元，而违约金是 2 万元，两者只相差 5 千元，不存在违约金"过分高于"实际损失的情况，所以果品公司应当按违约金数额来进行赔偿。

◆ 法律条文

《中华人民共和国民法典》

第五百八十五条　当事人可以约定一方违约时应当根据违约情况向对方支付一定数额的违约金，也可以约定因违约产生的损失赔偿额的计算方法。

约定的违约金低于造成的损失的，人民法院或者仲裁机构可以根据当事人的请求予以增加；约定的违约金过分高于造成的损失的，人民法院或者仲裁机构可以根据当事人的请求予以适当减少。

当事人就迟延履行约定违约金的，违约方支付违约金后，还应当履行债务。

深度解析

违约金有法定违约金和约定违约金之分。由法律直接规定的违约金为法定违约金；由当事人约定的违约金为约定违约金。约定违约金是一种合同关系，也称违约金合同。违约金合同是诺成合同，与定金合同不同，不以预先给付为成立要件。约定违约金可以看成一种附条件合同，只有在违约行为发生的情况下，违约金合同才生效；违约行为不发生，违约金合同则不生效。

37. 分批交付的货物，第二批货物不合格，怎么办？

◆ 案例分析

甲公司向乙生产厂订购了500吨水泥，合同约定所购水泥由乙生产厂分五次交付，每一次交货数量为100吨，货到无质量问题后付款。第一批水泥到货后，没有质量问题，第二批货物经检验质量不合格，甲公司遂要求乙生产厂停止供货。乙生产厂将第二批货物收回，重新运送100吨合格产品后，甲公司才答应继续履行合同。分批交付的货物，第二批货物不合格，应该怎么办？

交货是指在买卖合同中货物在交易双方之间的转移，即由卖方将货物转交给买方。合同双方要就交货的地点、交货方式和交货的时间等进行协商。在大宗货物交易中，买卖双方根据交货数量、运输条件和市场销售需要等因素，可在合同中规定分批交货条款。对于分批交货所涉及的合同责任问题，《民法典》第六百三十三条规定："出卖人分批交付标的物的，出卖人对其中一批标的物不交付或者交付不符合约定，致使该批标的物不能实现合同目的的，买受人可以就该批标的物解除。出卖人不交付其中一批标的物或者交付不符合约定，致使之后其他各批标的物的交付不能实现合同目的的，买受人可以就该批以及之后其他各批标的物解除。买受人如果就其中一批标的物解除，该批标的物与其他各批标的物相互依存的，可以就已经交付和未交付的各批标的物解除。"在本案中，乙生产厂分批交付的水泥相互不依存，甲公司认为第二批水泥有质量问题，甲、乙双方可以就第二批水泥进行协商，甲公司也可以解除第二批水泥的合同。

◆ 法律条文

《中华人民共和国民法典》

第六百三十三条　出卖人分批交付标的物的，出卖人对其中一批标的物不交付或者交付不符合约定，致使该批标的物不能实现合同目的的，买受人可以就该批标的物解除。

出卖人不交付其中一批标的物或者交付不符合约定，致使之后其他各批标的物的交付不能实现合同目的的，买受人可以就该批以及之后其他各批标的物解除。

买受人如果就其中一批标的物解除，该批标的物与其他各批标的物相互依存的，可以就已经交付和未交付的各批标的物解除。

深度解析

对于分批交付标的物的情况，如果出现出卖人不履行其债务的情况，应当按照以下情况处理：第一，在一般情况下，出卖人不履行某一批标的物的交付，买受人可以针对该批标的物不履行的情况要求出卖人承担违约责任。如果构成根本违约，导致合同目的不能实现的，买受人可以就该批标的物解除合同。第二，出卖人对某批标的物的根本违约，如果将导致对该批之后各批的根本违约，买受人就有权解除合同中该批以及其后的这部分。第三，某批标的物与整个合同的其他各批标的物可能是相互依存的，或者说是不可分的，否则整个合同的履行将不可能或者没有意义。在这种情况下，买受人可以直接解除整个合同。

38. 出卖交由承运人运输的在途货物，货物损失的风险由谁来承担？

◆ 案例分析

甲公司端午节前从南方采购了大量粽叶，货物用火车直接运送到甲公司所在的城市。乙公司是一食品加工公司，其得知后与甲公司签订了粽叶买卖合同，将其所有粽叶买下。合同订立后，运送粽叶的火车发生火灾，粽叶损失过半，那么该由谁来承担这个损失？

买卖是商品交换最普遍的形式，买卖合同是一方转移标的物的所有权于另一方，另一方支付价款的合同。转移所有权的一方为出卖人或卖方，支付价款而取得所有权的一方为买受人或者买方。《民法典》第六百零六条规定："出卖人出卖交由承运人运输的在途标的物，除当事人另有约定外，毁损、灭失的风险自合同成立时起由买受人承担。"在本案中，甲、乙两公司签订粽叶买卖合同时，粽叶已经在火车上了，粽叶的所有权在合同成立时由甲方转移为乙方所有。粽叶在火车上因意外损失过半，其损失应当由乙方食品加工公司负担。

◆ 法律条文

《中华人民共和国民法典》

第六百零六条　出卖人出卖交由承运人运输的在途标的物，

除当事人另有约定外，毁损、灭失的风险自合同成立时起由买受人承担。

深度解析

出卖在运输途中的货物，一般在合同订立时，出卖人就应当将有关货物所有权的凭证或者提取货物的单证等交付买方，货物也就转移至买方的支配之下。因此，一般说来，从订立合同时起买方承担转移货物的风险也是合理的。

39. 先存放后缴费，存放物毁坏的风险由谁来承担？

◆ 案例分析

某运输公司为某食品厂运送方便面，中途突降暴雨，虽采取了一定的措施，但因雨太急太大，运输公司害怕车上的方便面因受潮而变质，正好路边有一家仓储公司，便指示司机将方便面送了进去。运输公司与仓储公司约定先存货，取货的时候再缴费。当地一直暴雨不断，运输公司 10 天后取货时发现方便面严重受潮变质，原因是仓储公司没有采取合格的防霉变措施。先存放后缴费，存放物毁坏的风险该由谁来承担？

《民法典》第九百零二条第二款规定，有偿的保管合同当事人对支付期限没有约定或者约定不明确，依照该法第五百一十条的规定仍不能确定的，应当在领取保管物的同时支付。同时该法第九百一十八条规定，若没有其他明确规定的，仓储合同依法适用保管合同的有关规定。在本案中，运输公司与仓储公司约定先存货，取货的时候再缴费，可以认定为双方是先存货后缴费，运输公司领取仓储物的时候缴纳费用。《民法典》第九百一十七条规定：“储存期内，因保管不善造成仓储物毁损、灭失的，保管人应当承担赔偿责任。因仓储物本身的自然性质、包装不符合约定或者超过有效储存期造成仓储物变质、损坏的，保管人不承担赔偿责任。”本案中，运输公司存放在仓储公司的方便面因仓储公司没有采取合格的防霉变措施而严重受潮变质，属于保管人保管不善的情形，仓储公司应当承担仓储不当的责任，赔偿运输公司的损失。

◆ 法律条文

《中华人民共和国民法典》

第九百零二条第二款 当事人对支付期限没有约定或者约定不明确，依据本法第五百一十条的规定仍不能确定的，应当在领取保管物的同时支付。

第九百一十七条 储存期内，因保管不善造成仓储物毁损、灭失的，保管人应当承担赔偿责任。因仓储物本身的自然性质、包装不符合约定或者超过有效储存期造成仓储物变质、损坏的，保管人不承担赔偿责任。

第九百一十八条 本章没有规定的，适用保管合同的有关规定。

深度解析

储存期间，保管人负有妥善保管仓储物的义务。所谓“妥善保管”，主要应当是按照仓储合同中约定的保管条件和保管要求进行保管。保管条件和保管要求是双方约定的，在大多数情况下是存货人根据货物的性质、状况提出保管的条件和要求。只要是双方约定的，保管人就应当按照约定的保管条件和保管要求进行保管。保管人没有按照约定的保管条件和保管要求进行保管，造成仓储物毁损、灭失的，保管人应当承担损害赔偿责任。

40. 承揽人可以将其所承揽的加工任务分包给其他人吗?

◆ 案例分析

某集团公司要修建一宾馆，此工程被当地甲工程公司承揽。工程进行过程中，集团公司听说承包方将工程分包给其他工程公司，经查发现原来承包方甲工程公司还有其他工程，遂将配楼工程分包给乙工程公司。由于两家公司的操作能力不一样，乙工程公司负责的配楼质量较差。集团公司要求乙公司停止作业，并要求甲公司亲自完成工程。集团公司能够这样主张吗?

建设工程包括房屋建筑、道路、桥梁、隧道、水坝等建设工程，而建设工程一般包括勘察、设计、施工阶段，因此发包人可与总承包人订立建设工程合同。经发包人同意，总承包人可以将自己承包的部分工作交由第三人完成。根据《民法典》第七百九十一条的规定可知，承包人不得将其承包的全部建设工程转包给第三人，也不得将其承包的全部建设工程支解以后以分包的名义分别转包给第三人。在本案中，甲公司没有经过集团公司允许擅自将配楼工程转包给乙公司，违反合同约定和法律规定，发包人某集团公司可以要求其配楼工程由承包方甲公司亲自完成。

◆ 法律条文

《中华人民共和国民法典》

第七百九十一条 发包人可以与总承包人订立建设工程合同，也可以分别与勘察人、设计人、施工人订立勘察、设计、施工承包合同。发包人不得将应当由一个承包人完成的建设工程支解成若干部分发包给数个承包人。

总承包人或者勘察、设计、施工承包人经发包人同意，可以将自己承包的部分工作交由第三人完成。第三人就其完成的工作成果与总承包人或者勘察、设计、施工承包人向发包人承担连带责任。承包人不得将其承包的全部建设工程转包给第三人或者将其承包的全部建设工程支解以后以分包的名义分别转包给第三人。

禁止承包人将工程分包给不具备相应资质条件的单位。禁止分包单位将其承包的工程再分包。建设工程主体结构的施工必须由承包人自行完成。

深度解析

总承包人及勘察、设计、施工承包人在分包合同中即成为分包合同的发包人。总承包人及勘察、设计、施工承包人分包建设工程的，应当符合以下条件：(1) 总承包人及勘察、设计、施工承包人只能将部分工程分包给具有相应资质条件的分包人；(2) 为防止总承包人及勘察、设计、施工承包人擅自将应当由自己完成的工程分包出去或者将工程分包给发包人所不信任的第三人，分包工程必须经过发包人的同意。

41. 受托销售货物，高出约定价格的部分应当归谁所有？

◆ 案例分析

甲公司委托乙公司以自己的名义代为销售两台生产机床，甲公司指定价格是每台 20 万元。乙公司工作人员经过多方协作，终于以每台 22 万元的价格将两台机床卖出。针对多卖出的 4 万元，甲、乙两公司没有约定，最后乙公司提出这 4 万元归乙公司所有，甲公司却提出，如果归乙公司所有则甲公司不支付乙公司报酬。那么乙公司可以主张 4 万元归其所有吗？

部分公司企业由于多种原因，委托其他公司企业代为销售一部分产品，并为其支付报酬，此为行纪合同。对于合同涉及市场定价或合同当事人指定价格的产品，《民法典》第九百五十五条规定："行纪人低于委托人指定的价格卖出或者高于委托人指定的价格买入的，应当经委托人同意；未经委托人同意，行纪人补偿其差额的，该买卖对委托人发生效力。行纪人高于委托人指定的价格卖出或者低于委托人指定的价格买入的，可以按照约定增加报酬；没有约定或者约定不明确，依据本法第五百一十条的规定仍不能确定的，该利益属于委托人。委托人对价格有特别指示的，行纪人不得违背该指示卖出或者买入。"因此，对于高价卖出或低价买入，委托人和受委托人双方可以协商解决报酬，如果协商不成，则多出来的利益归委托人所有。在本案中，甲公司委托乙公司代为销售两台生产机床，机床指定价为每台 20 万元，乙公司工作人员将每台机床以 22 万元价格卖出，双方没有约定多卖出的 4 万元该如何分配，因此甲公司可以依法主张该 4 万元归甲公司所有。另外，甲公司应该依合同的约定支付给乙公司行纪报酬。

◆ 法律条文

《中华人民共和国民法典》

第九百五十二条 行纪人处理委托事务支出的费用，由行纪人负担，但是当事人另有约定的除外。

第九百五十五条 行纪人低于委托人指定的价格卖出或者高于委托人指定的价格买入的，应当经委托人同意；未经委托人同意，行纪人补偿其差额的，该买卖对委托人发生效力。

行纪人高于委托人指定的价格卖出或者低于委托人指定的价格买入的，可以按照约定增加报酬；没有约定或者约定不明确，依据本法第五百一十条的规定仍不能确定的，该利益属于委托人。

委托人对价格有特别指示的，行纪人不得违背该指示卖出或者买入。

深度解析

行纪人不按指示价格处理事务有两种情况：一是在行纪人以低于指示价格卖出或者以高于指示价格买入的情况下，应当及时取得委托人的同意；在没有征得委托人同意的情况下，行纪人擅自做主变更指示价格而作为的，对此带来的不利后果，委托人有权要求行纪人赔偿损失。二是行纪人以高于委托人的指示价格卖出或者以低于指示价格买入，使委托人增加了收入或者节约了开支的，其增加的利益应当归属于委托人，但行纪人可以要求增加报酬。

第六章
企业人事管理法律知识

- 用人单位的告知义务和劳动者的说明义务
  - 用人单位招用劳动者时，应当如实告知劳动者
    - 工作内容
    - 工作条件
    - 工作地点
    - 职业危害
    - 安全生产状况
    - 劳动报酬
    - 劳动者要求了解的其他情况
  - 劳动者应当如实说明自己与劳动合同直接相关的基本情况

- 应签订无固定期限劳动合同的情形
  - 劳动者在该用人单位连续工作满十年的
  - 用人单位初次实行劳动合同制度或者国有企业改制重新订立劳动合同时，劳动者在该用人单位连续工作满十年且距法定退休年龄不足十年的
  - 连续订立二次固定期限劳动合同，且劳动者没有劳动合同法第三十九条和第四十条第一项、第二项规定的情形，续订劳动合同的
  - 用人单位自用工之日起满一年不与劳动者订立书面劳动合同的，视为已经签订无固定期限劳动合同

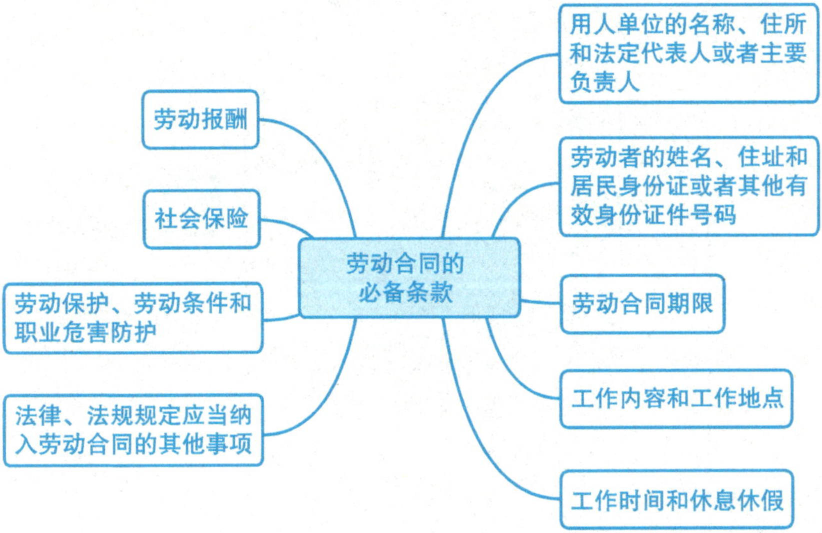
劳动合同的必备条款
用人单位的名称、住所和法定代表人或者主要负责人
劳动者的姓名、住址和居民身份证或者其他有效身份证件号码
劳动合同期限
工作内容和工作地点
工作时间和休息休假
劳动报酬
社会保险
劳动保护、劳动条件和职业危害防护
法律、法规规定应当纳入劳动合同的其他事项

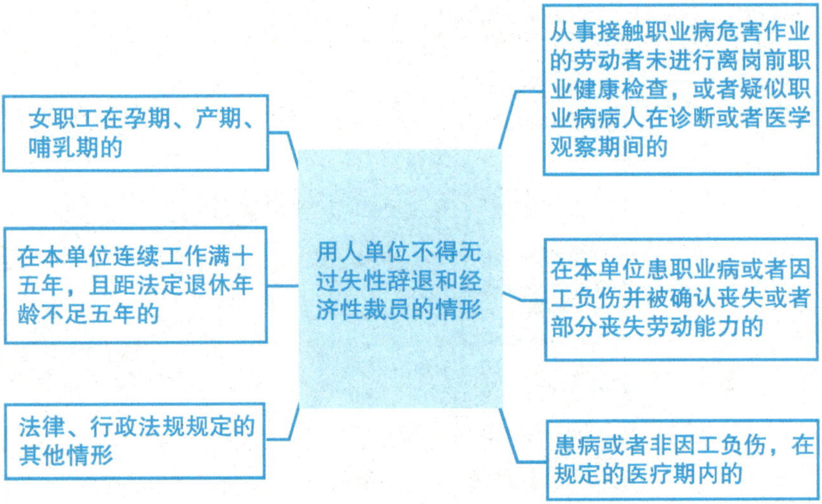
用人单位不得无过失性辞退和经济性裁员的情形
从事接触职业病危害作业的劳动者未进行离岗前职业健康检查，或者疑似职业病病人在诊断或者医学观察期间的
在本单位患职业病或者因工负伤并被确认丧失或者部分丧失劳动能力的
患病或者非因工负伤，在规定的医疗期内的
女职工在孕期、产期、哺乳期的
在本单位连续工作满十五年，且距法定退休年龄不足五年的
法律、行政法规规定的其他情形

- 用人单位可以单方解除劳动合同的情形
  - 过失性辞退（用人单位可以直接解除劳动合同）
    - 在试用期间被证明不符合录用条件的
    - 严重违反用人单位的规章制度的
    - 严重失职，营私舞弊，给用人单位造成重大损害的
    - 劳动者同时与其他用人单位建立劳动关系，对完成本单位的工作任务造成严重影响，或者经用人单位提出，拒不改正的
    - 劳动者以欺诈、胁迫的手段或者乘人之危，使用人单位在违背真实意思的情况下订立或者变更劳动合同，从而致使劳动合同无效或者部分无效的
    - 被依法追究刑事责任的
  - 无过失性辞退（用人单位提前三十日以书面形式通知劳动者本人或者额外支付劳动者一个月工资后，可以解除劳动合同）
    - 劳动者患病或者非因工负伤，在规定的医疗期满后不能从事原工作，也不能从事由用人单位另行安排的工作的
    - 劳动者不能胜任工作，经过培训或者调整工作岗位，仍不能胜任工作的
    - 劳动合同订立时所依据的客观情况发生重大变化，致使劳动合同无法履行，经用人单位与劳动者协商，未能就变更劳动合同内容达成协议的
  - 经济性裁员
    - 依照企业破产法规定进行重整的
    - 生产经营发生严重困难的
    - 企业转产、重大技术革新或者经营方式调整，经变更劳动合同后，仍需裁减人员的
    - 其他因劳动合同订立时所依据的客观经济情况发生重大变化，致使劳动合同无法履行的
    - 需要裁减人员二十人以上或者裁减不足二十人但占企业职工总数百分之十以上的，用人单位提前三十日向工会或者全体职工说明情况，听取工会或者职工的意见后，裁减人员方案经向劳动行政部门报告，可以裁减人员
      - 裁减人员时，应当优先留用的人员
        - 与本单位订立较长期限的固定期限劳动合同的
        - 与本单位订立无固定期限劳动合同的
        - 家庭无其他就业人员，有需要扶养的老人或者未成年人的
      - 在六个月内重新招用人员的，应当通知被裁减的人员，并在同等条件下优先招用被裁减的人员

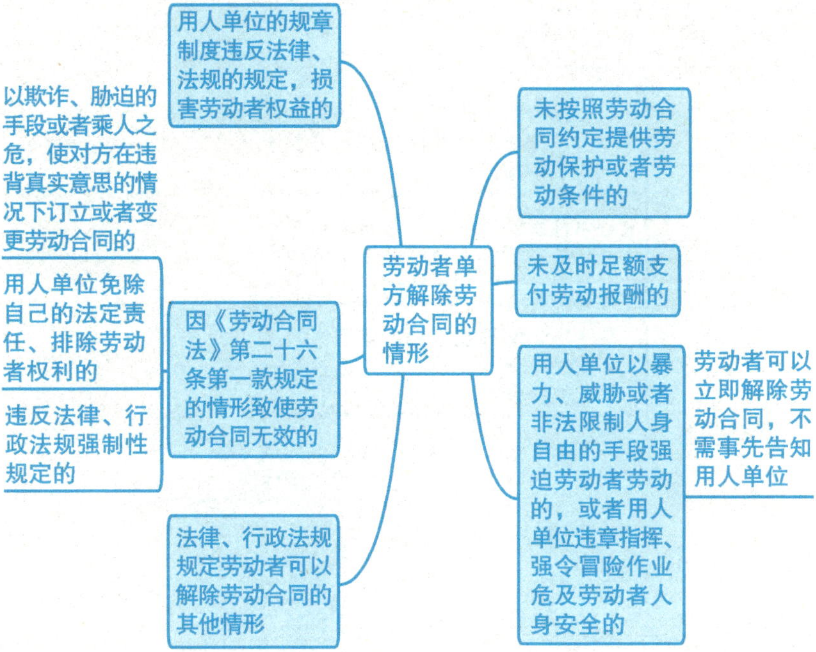
劳动者单方解除劳动合同的情形
用人单位的规章制度违反法律、法规的规定，损害劳动者权益的
因《劳动合同法》第二十六条第一款规定的情形致使劳动合同无效的
以欺诈、胁迫的手段或者乘人之危，使对方在违背真实意思的情况下订立或者变更劳动合同的
用人单位免除自己的法定责任、排除劳动者权利的
违反法律、行政法规强制性规定的
法律、行政法规规定劳动者可以解除劳动合同的其他情形
未按照劳动合同约定提供劳动保护或者劳动条件的
未及时足额支付劳动报酬的
用人单位以暴力、威胁或者非法限制人身自由的手段强迫劳动者劳动的，或者用人单位违章指挥、强令冒险作业危及劳动者人身安全的
劳动者可以立即解除劳动合同，不需事先告知用人单位

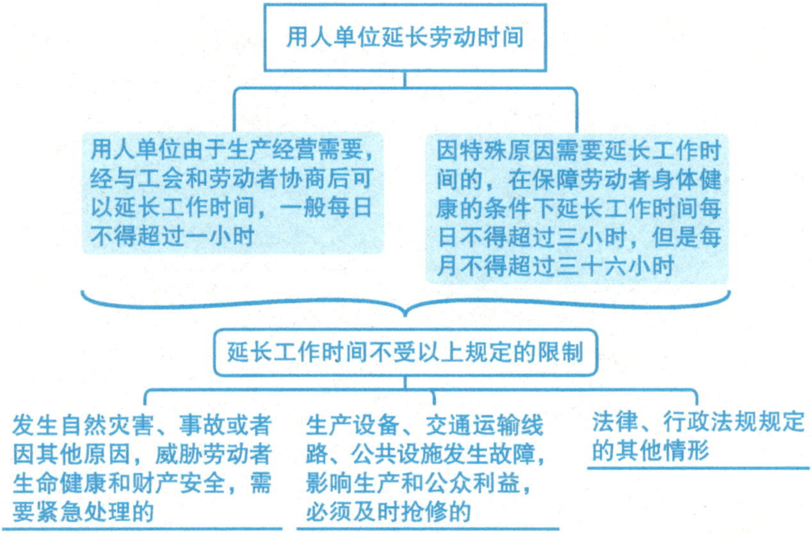
用人单位延长劳动时间
用人单位由于生产经营需要，经与工会和劳动者协商后可以延长工作时间，一般每日不得超过一小时
因特殊原因需要延长工作时间的，在保障劳动者身体健康的条件下延长工作时间每日不得超过三小时，但是每月不得超过三十六小时
延长工作时间不受以上规定的限制
发生自然灾害、事故或者因其他原因，威胁劳动者生命健康和财产安全，需要紧急处理的
生产设备、交通运输线路、公共设施发生故障，影响生产和公众利益，必须及时抢修的
法律、行政法规规定的其他情形

加班工资支付情形及标准

- 安排劳动者延长工作时间的，支付不低于工资的百分之一百五十的工资报酬
- 休息日安排劳动者工作又不能安排补休的，支付不低于工资的百分之二百的工资报酬
- 法定休假日安排劳动者工作的，支付不低于工资的百分之三百的工资报酬
  - 用人单位在下列节日期间应当依法安排劳动者休假
    - 元旦
    - 春节
    - 国际劳动节
    - 国庆节
    - 法律、法规规定的其他休假节日

42. 用人单位扣押劳动者的身份证的行为是否合法?

◆ 案例分析

大学生小周家在农村，毕业后急于找到一份稳定的工作。在校园招聘会上，经过简单的笔试、面试，小周与一家小型通信公司A达成了工作意向，但还没签订劳动合同。因A公司的审核手续烦琐，小周等了两个月也没有等到录用信息。想到A公司待遇一般，小周想再试试其他的企业，于是就向其他几家企业投递了简历。没想到几天后有一家大型通信公司B给小周发来了面试邀请，可惜小周的身份证被扣押在A公司等待审核。那么，小周有权取回自己的身份证吗？用人单位有权扣押劳动者的身份证吗？

无论在任何情况下以任何理由，用人单位都不能扣押劳动者的身份证及其他证件。扣押身份证是违反《劳动合同法》规定的。《劳动合同法》第九条明确规定："用人单位招用劳动者，不得扣押劳动者的居民身份证和其他证件，不得要求劳动者提供担保或者以其他名义向劳动者收取财物。"用人单位如果违法扣押劳动者的身份证，要受到相应的行政处罚。如果因扣押证件给劳动者造成了实际的经济损失，还要依法承担赔偿责任。

◆ 法律条文

《中华人民共和国劳动合同法》

第九条　用人单位招用劳动者，不得扣押劳动者的居民身份证和其他证件，不得要求劳动者提供担保或者以其他名义向劳动者收取财物。

第八十四条第一款、第二款 用人单位违反本法规定，扣押劳动者居民身份证等证件的，由劳动行政部门责令限期退还劳动者本人，并依照有关法律规定给予处罚。

用人单位违反本法规定，以担保或者其他名义向劳动者收取财物的，由劳动行政部门责令限期退还劳动者本人，并以每人五百元以上二千元以下的标准处以罚款；给劳动者造成损害的，应当承担赔偿责任。

深度解析

用人单位招用劳动者不得以任何理由扣押劳动者的身份证或者其他证件，如有违反，用人单位应受到法律的惩罚。对用人单位作出这样的限制有利于规范用人单位与劳动者订立和履行劳动合同的行为，保护劳动者的合法权益，促进劳动关系和谐稳定。

43. 员工的培训费该由员工自己承担吗?

◆ 案例分析

郑某毕业那年与一家外资服装企业签订了劳动合同，合同约定郑某做为期一年的管培生，经培训和柜台实践后再根据表现安排具体工作岗位。郑某毕业后及时到岗参加培训，被告知需要缴纳三千元的培训费用，郑某不解，刚毕业的他也拿不出这么多钱。那么，员工的培训费该由员工来承担吗？企业可以收取培训费吗？

《劳动法》第六十八条第一款规定：“用人单位应当建立职业培训制度，按照国家规定提取和使用职业培训经费，根据本单位实际，有计划地对劳动者进行职业培训。”由此可知，给员工提供职业培训是用人单位的义务，其费用理应由用人单位支付，不能将培训费作为额外的费用要求员工自己承担。根据《劳动部关于严禁用人单位录用职工非法收费的通知》第二条和第三条的规定，用人单位不得在招工条件中规定个人缴费内容，劳动行政部门要加强对用人单位录用职工行为的监督检查，对用人单位在录用职工时非法向劳动者个人收取费用的，应责令用人单位退还劳动者。本案中，该企业要求郑某缴纳三千元的培训费是没有法律依据的，郑某可以不缴纳。此外该公司还不得以别的名目向劳动者收取费用，如集资、风险基金、培训费、抵押金、保证金等，更不能把缴费作为录用的前提条件，非法向劳动者收取费用。

◆ 法律条文

《中华人民共和国劳动法》

第六十八条 用人单位应当建立职业培训制度，按照国家规定提取和使用职业培训经费，根据本单位实际，有计划地对劳动者进行职业培训。

从事技术工种的劳动者，上岗前必须经过培训。

《劳动部关于严禁用人单位录用职工非法收费的通知》

二、用人单位不得在招工条件中规定个人缴费内容，劳动行政部门要加强对用人单位招工启示、简章的审查，对违反规定的，应给予警告，并责令其改正。

三、劳动行政部门要加强对用人单位录用职工行为的监督检查。对用人单位在录用职工时非法向劳动者个人收取费用的，应责令用人单位立即退还劳动者；对用人单位招工后不能向职工提供正常工作岗位或不能保障职工其他各项劳动权利的，应依法予以纠正；给劳动者造成经济损失的，应责令其赔偿。因此而发生的劳动争议，当事人有权向劳动争议仲裁委员会申请仲裁。

深度解析

用人单位有责任和义务对员工进行职业培训，用人单位有计划地对员工进行培训有利于提高员工的工作能力，更有利于企业的长足发展。如果用人单位以培训为由收取员工费用，则属于违法行为，应依法受到相应的处罚。法律规定用人单位不得以任何理由在招工中向个人收取费用，这有利于保护劳动者的财产不受损失，更有利于创造良好的招工就业环境。

44. 用人单位在哪些情形下可以解除与劳务派遣人员的劳动合同？

◆ 案例分析

2019 年 8 月，田阿姨与 A 劳务派遣公司签订劳动合同，为期三年。随后，田阿姨被派往 B 公司，主要工作是在某大型超市做某品牌厨房用品促销。工作两个月后，因该品牌营销策略调整，品牌定位变化，不再需要超市促销人员，因此将相应劳务派遣人员退回 A 公司。田阿姨认为 B 公司的做法太不“正规”，因此也没有按 A 公司的要求到 A 公司报到办理待岗手续。2020 年 1 月，A 劳务派遣公司以田阿姨违反公司规定，无故旷工为由，解除了与田阿姨的劳动合同。那么，该劳务派遣公司的做法合法吗？

《劳动合同法》第六十五条第二款规定：“被派遣劳动者有本法第三十九条和第四十条第一项、第二项规定情形的，用工单位可以将劳动者退回劳务派遣单位，劳务派遣单位依照本法有关规定，可以与劳动者解除劳动合同。”第三十九条规定，劳动者严重违反用人单位的规章制度的，用人单位可以解除劳动合同。案例中，B 公司退回田阿姨并不符合法定退回条件，在未支付任何经济补偿金的情况下，B 公司的退回行为违法。既然退回行为违法，那么 A 劳务派遣公司接受 B 公司违法的退回也存在过错，此后又以无故旷工为由单方面解除劳动合同，此解除行为违法。

◆ 法律条文

《中华人民共和国劳动合同法》

第三十九条　劳动者有下列情形之一的，用人单位可以解除劳动合同：

……

（二）严重违反用人单位的规章制度的；

……

第六十五条第二款　被派遣劳动者有本法第三十九条和第四十条第一项、第二项规定情形的，用工单位可以将劳动者退回劳务派遣单位，劳务派遣单位依照本法有关规定，可以与劳动者解除劳动合同。

深度解析

《劳动合同法》不仅是劳动者利益的保护伞，也保护用人单位的合法权益。在劳动者出现不符合录用条件或者严重违纪违法，以及不能胜任工作等情形时，用工单位可以将被派遣劳动者退回派遣单位，劳务派遣单位可以依照《劳动合同法》的规定与被派遣的劳动者解除劳动合同。

45. 用工单位任用劳务派遣人员是否不受具体岗位的限制?

◆ 案例分析

2019年年初，江某开了一家服装公司，急需招聘大量服装设计师和设计总监。但公司刚起步，资金短缺，江某为节约成本，便从某劳务派遣公司招聘了几名设计专业的人员承担起公司所有的设计工作，小严便是其中之一。几个月后，由于小严才华出众，为公司拉来了很多生意，且客户评价很高，江某为留住人才，便将其升为设计总监。2020年年初，因江某一直不肯涨工资，小严决定辞职，便向江某提出，并要求江某支付自己应得的工资与补偿。谁知江某翻脸，拿出合同指出小严为劳务派遣人员，与公司不存在劳动关系。小严不服。那么，用工单位是否可以在任何岗位任用劳务派遣人员？对此法律是如何规定的？

《劳动合同法》第六十六条第一款、第二款规定："劳动合同用工是我国的企业基本用工形式。劳务派遣用工是补充形式，只能在临时性、辅助性或者替代性的工作岗位上实施。前款规定的临时性工作岗位是指存续时间不超过六个月的岗位；辅助性工作岗位是指为主营业务岗位提供服务的非主营业务岗位；替代性工作岗位是指用工单位的劳动者因脱产学习、休假等原因无法工作的一定期间内，可以由其他劳动者替代工作的岗位。"案例中，小严担当的设计总监是主要业务岗位，且工作时间已持续了一年，该服装公司的做法违反上述法律的规定，依法应承担法定责任。

◆ 法律条文

《中华人民共和国劳动合同法》

第六十六条第一款、第二款　劳动合同用工是我国的企业基本用工形式。劳务派遣用工是补充形式，只能在临时性、辅助性或者替代性的工作岗位上实施。

前款规定的临时性工作岗位是指存续时间不超过六个月的岗位；辅助性工作岗位是指为主营业务岗位提供服务的非主营业务岗位；替代性工作岗位是指用工单位的劳动者因脱产学习、休假等原因无法工作的一定期间内，可以由其他劳动者替代工作的岗位。

深度解析

在实践中，用人单位为降低用工成本，逃避法律的责任，任意使用劳务派遣工的现象时有发生。若不对这一用工形式加以规范，任其发展，劳动关系的基础将受到严重的挑战，劳动法的作用将无法发挥，劳动者的合法权益将无法得到应有的保障，社会公平也将难以维护和实现。因此，劳务派遣的岗位适用范围不能和正常的用工单位的工作范围相同，劳务派遣的岗位只能是临时性、辅助性或者替代性的工作岗位。

46. 面对劳动争议，用人单位可以直接向法院提起诉讼吗？

◆ 案例分析

2018 年，左某经朋友介绍在一家私人企业担任业务员，一开始左某工作积极，客户满意度较高。两年后，公司发现左某的业绩越来越差，原来的不少老客户也相继断了合作，便开始调查此事。经调查发现，原来左某的姐夫几个月前新开了一家公司，需要大量客户，左某便利用工作便利将本公司的客户拉到了姐夫的公司，打算等时机成熟时找个理由辞职。被公司发现后，公司将其解雇。左某不服，要求到仲裁委解决此事，但公司打算直接向法院提起诉讼。那么，此事究竟应由谁来解决？公司可以直接提起诉讼吗？

根据《劳动法》《劳动争议调解仲裁法》等法律法规，我国的劳动争议实行“协商、调解、仲裁、诉讼”的处理机制。我国的劳动争议仲裁具有强制性，劳动争议仲裁程序是诉讼的必经程序，即劳动争议当事人要想向人民法院提起诉讼必须先向劳动争议仲裁委员会申请仲裁，当事人对劳动争议仲裁委员会仲裁裁决不服的，自收到裁决书之日起 15 日内可以向人民法院提起诉讼。劳动仲裁是劳动争议解决的前置程序，该公司不能直接向法院提起诉讼。

◆ 法律条文

《中华人民共和国劳动法》

第七十九条 劳动争议发生后，当事人可以向本单位劳动争议调解委员会申请调解；调解不成，当事人一方要求仲裁的，可以向劳动争议仲裁委员会申请仲裁。当事人一方也可以直接向劳动争议仲裁委员会申请仲裁。对仲裁裁决不服的，可以向人民法院提起诉讼。

《中华人民共和国劳动争议调解仲裁法》

第五条 发生劳动争议，当事人不愿协商、协商不成或者达成和解协议后不履行的，可以向调解组织申请调解；不愿调解、调解不成或者达成调解协议后不履行的，可以向劳动争议仲裁委员会申请仲裁；对仲裁裁决不服的，除本法另有规定的外，可以向人民法院提起诉讼。

深度解析

当事人之间因劳动争议产生纠纷，可以采取和解、调解、仲裁、诉讼等方式解决。根据我国法律的规定，劳动争议仲裁是劳动争议诉讼的法定前置程序，当事人向法院提起劳动争议诉讼之前，必须先经过劳动争议仲裁委员会的仲裁程序，否则，法院是不会受理当事人的劳动争议诉讼请求的。

第七章
企业税务法律知识

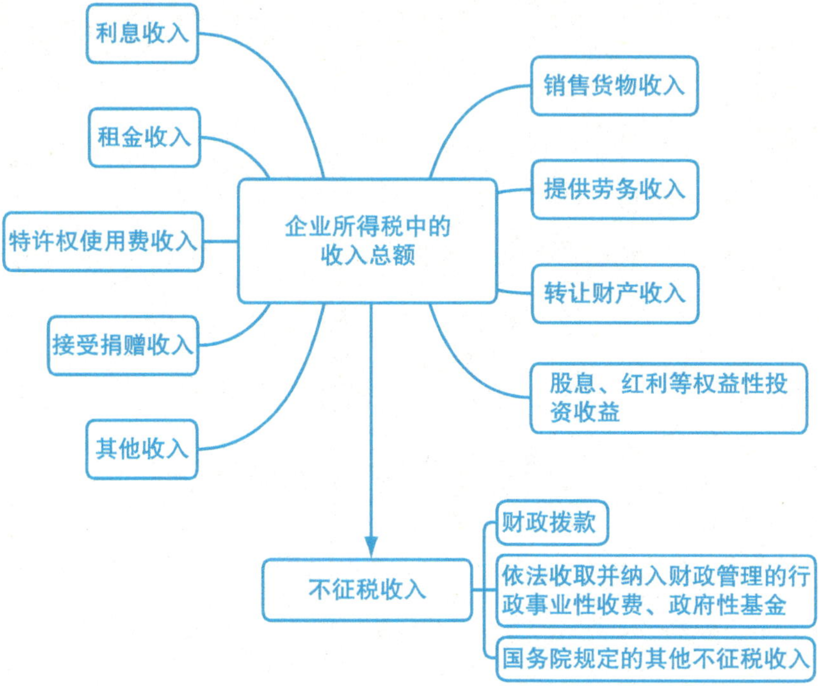
企业所得税中的收入总额
利息收入
租金收入
特许权使用费收入
接受捐赠收入
其他收入
销售货物收入
提供劳务收入
转让财产收入
股息、红利等权益性投资收益
不征税收入
财政拨款
依法收取并纳入财政管理的行政事业性收费、政府性基金
国务院规定的其他不征税收入

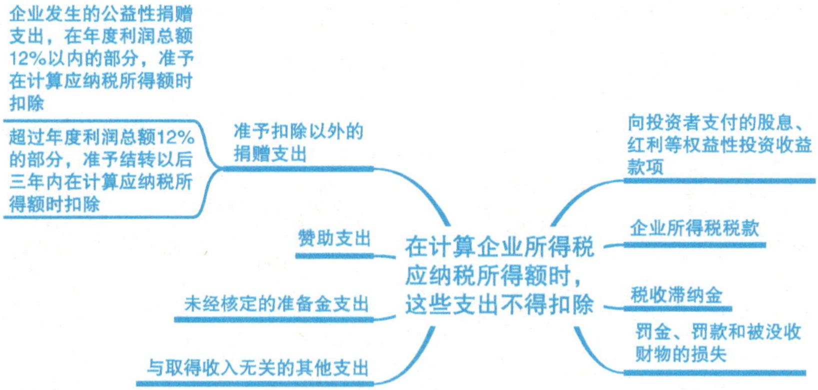
在计算企业所得税应纳税所得额时，这些支出不得扣除
准予扣除以外的捐赠支出
企业发生的公益性捐赠支出，在年度利润总额12%以内的部分，准予在计算应纳税所得额时扣除
超过年度利润总额12%的部分，准予结转以后三年内在计算应纳税所得额时扣除
赞助支出
未经核定的准备金支出
与取得收入无关的其他支出
向投资者支付的股息、红利等权益性投资收益款项
企业所得税税款
税收滞纳金
罚金、罚款和被没收财物的损失

- 企业所得税的减免
  - 应当免税的
    - 国债利息收入
    - 符合条件的居民企业之间的股息、红利等权益性投资收益
    - 在中国境内设立机构、场所的非居民企业从居民企业取得与该机构、场所有实际联系的股息、红利等权益性投资收益
    - 符合条件的非营利组织的收入
  - 可以免减税的
    - 从事农、林、牧、渔业项目的所得
    - 从事国家重点扶持的公共基础设施项目投资经营的所得
    - 从事符合条件的环境保护、节能节水项目的所得
    - 符合条件的技术转让所得
    - 非居民企业在中国境内未设立机构、场所的，或者虽设立机构、场所但取得的所得与其所设机构、场所没有实际联系的，来源于中国境内的所得

- 进项税额
  - 纳税人购进货物、劳务、服务、无形资产、不动产支付或者负担的增值税额，为进项税额
    - 准予从销项税额中抵扣的进项税额项目
      - 从销售方取得的增值税专用发票上注明的增值税额
      - 从海关取得的海关进口增值税专用缴款书上注明的增值税额
      - 购进农产品，除取得增值税专用发票或者海关进口增值税专用缴款书外，按照农产品收购发票或者销售发票上注明的农产品买价和11%的扣除率计算的进项税额，国务院另有规定的除外
        - 进项税额计算公式：进项税额＝买价×扣除率
      - 自境外单位或者个人购进劳务、服务、无形资产或者境内的不动产，从税务机关或者扣缴义务人取得的代扣代缴税款的完税凭证上注明的增值税额
    - 不得从销项税额中抵扣的进项税额项目
      - 用于简易计税方法计税项目、免征增值税项目、集体福利或者个人消费的购进货物、劳务、服务、无形资产和不动产
      - 非正常损失的购进货物，以及相关的劳务和交通运输服务
      - 非正常损失的在产品、产成品所耗用的购进货物（不包括固定资产）、劳务和交通运输服务
      - 国务院规定的其他项目

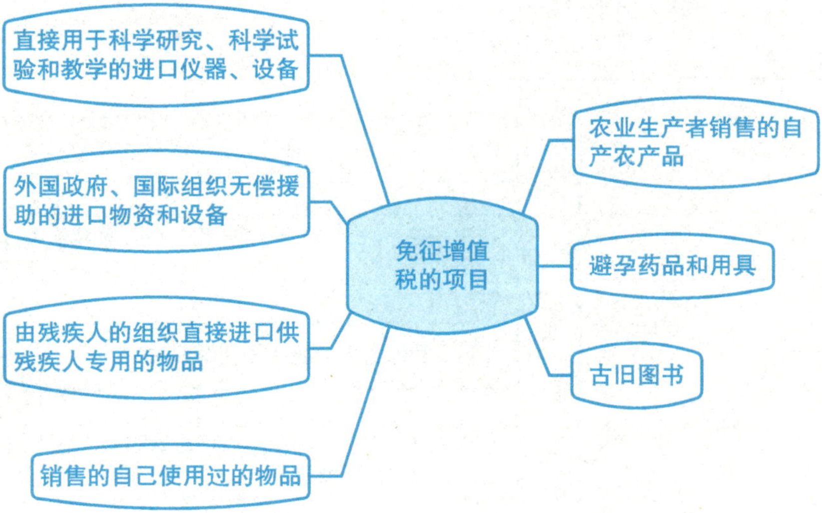
免征增值税的项目
直接用于科学研究、科学试验和教学的进口仪器、设备
外国政府、国际组织无偿援助的进口物资和设备
由残疾人的组织直接进口供残疾人专用的物品
销售的自己使用过的物品
农业生产者销售的自产农产品
避孕药品和用具
古旧图书

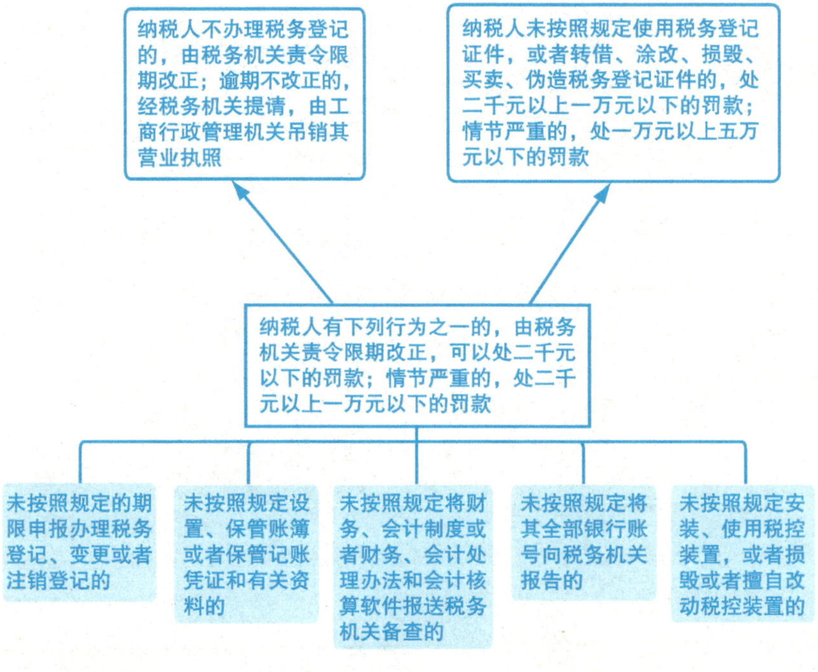
纳税人不办理税务登记的，由税务机关责令限期改正；逾期不改正的，经税务机关提请，由工商行政管理机关吊销其营业执照
纳税人未按照规定使用税务登记证件，或者转借、涂改、损毁、买卖、伪造税务登记证件的，处二千元以上一万元以下的罚款；情节严重的，处一万元以上五万元以下的罚款
纳税人有下列行为之一的，由税务机关责令限期改正，可以处二千元以下的罚款；情节严重的，处二千元以上一万元以下的罚款
未按照规定的期限申报办理税务登记、变更或者注销登记的
未按照规定设置、保管账簿或者保管记账凭证和有关资料的
未按照规定将财务、会计制度或者财务、会计处理办法和会计核算软件报送税务机关备查的
未按照规定将其全部银行账号向税务机关报告的
未按照规定安装、使用税控装置，或者损毁或者擅自改动税控装置的

税务机关有权核定纳税人应纳税额的情形

- 依照法律、行政法规的规定可以不设置账簿的
- 依照法律、行政法规的规定应当设置账簿但未设置的
- 擅自销毁账簿或者拒不提供纳税资料的
- 虽设置账簿，但账目混乱或者成本资料、收入凭证、费用凭证残缺不全，难以查账的
- 发生纳税义务，未按照规定的期限办理纳税申报，经税务机关责令限期申报，逾期仍不申报的
- 纳税人申报的计税依据明显偏低，又无正当理由的

47. 什么是企业所得税？哪些企业需要缴纳？

◆ 案例分析

某市中心商业街上坐落着数百家企业，其中有个体工商户、个人独资企业、合伙企业、有限责任公司、股份有限公司、集体企业、国有企业、私营企业、中外合资企业、中外合作企业和外商独资企业，其中哪些企业需要缴纳企业所得税？什么又是企业所得税？

企业所得税是对我国内资企业和经营单位的生产经营所得和其他所得征收的一种税。企业所得税的征税对象是纳税人取得的所得，包括销售货物所得、提供劳务所得、转让财产所得、股息红利所得、利息所得、租金所得、特许权使用费所得、接受捐赠所得和其他所得。

《企业所得税法》第一条规定："在中华人民共和国境内，企业和其他取得收入的组织（以下统称企业）为企业所得税的纳税人，依照本法的规定缴纳企业所得税。个人独资企业、合伙企业不适用本法。"可见，对个人独资企业、合伙企业不征收企业所得税，当然，对个体工商户也不征收个人所得税。那么，在我国，除个人独资企业、合伙企业、个体工商户外的企业，都要缴纳企业所得税。如有限责任公司、股份有限公司、集体企业、国有企业、法人型私营企业、中外合资企业、中外合作企业、外商独资企业都要缴纳企业所得税。其中，中外合作企业（非法人）由合营各方分别缴纳。

◆ 法律条文

《中华人民共和国企业所得税法》

第一条　在中华人民共和国境内，企业和其他取得收入的组织（以下统称企业）为企业所得税的纳税人，依照本法的规定缴纳企业所得税。

个人独资企业、合伙企业不适用本法。

第四条　企业所得税的税率为25%。

非居民企业取得本法第三条第三款规定的所得，适用税率为20%。

深度解析

企业所得税纳税人不仅包括以公司制和非公司制存在的各种形式的企业，还包括其他取得收入的组织。其中“其他取得收入的组织”，主要是指：（1）根据《事业单位登记管理暂行条例》的规定成立的事业单位；（2）根据《社会团体登记管理条例》的规定成立的社会团体；（3）根据《民办非企业单位登记管理暂行条例》的规定成立的民办非企业单位；（4）除上述所述公司、企业、事业单位、社会团体、民办非企业单位外，从事经营活动的其他组织。

48. 企业可以就其在境外缴纳的所得税税额，要求在境内应纳税额中抵免吗？

◆ 案例分析

某公司属于中国居民企业，2019 年根据税法计算的应纳税所得额为 1000 万元，其中包括从美国获得的应纳税所得额 20 万元，从美国获得的应纳税所得额已经在美国缴纳所得税 4 万元，该公司可以要求其在美国缴纳所得税的 4 万元从 2019 年应纳税额中抵免吗？

《企业所得税法》第二十三条规定，企业取得的所得已在境外缴纳的所得税税额，可以从其当期应纳税额中抵免，抵免限额为该项所得依照本法规定计算的应纳税额；超过抵免限额的部分，可以在以后五个年度内，用每年度抵免限额抵免当年应抵税额后的余额进行抵补。已在境外缴纳的所得税税额，是指企业来源于中国境外的所得依照中国境外税收法律以及相关规定应当缴纳并已经实际缴纳的企业所得税性质的税款。抵免限额，是指企业来源于中国境外的所得，依照《企业所得税法》及其条例的规定计算的应纳税额。除国务院财政、税务主管部门另有规定外，该抵免限额应当分国（地区）不分项计算。该公司从美国取得的收入已经缴纳了所得税，依法可以从当期应纳税额中进行抵免。

◆ 法律条文

《中华人民共和国企业所得税法》

第二十三条 企业取得的下列所得已在境外缴纳的所得税税额，可以从其当期应纳税额中抵免，抵免限额为该项所得依照本法规定计算的应纳税额；超过抵免限额的部分，可以在以后五个年度内，用每年度抵免限额抵免当年应抵税额后的余额进行抵补：

（一）居民企业来源于中国境外的应税所得；

（二）非居民企业在中国境内设立机构、场所，取得发生在中国境外但与该机构、场所有实际联系的应税所得。

深度解析

对税收抵免可以从以下几个方面来理解：一是允许税收抵免的所得税税额范围，限于居民企业来源于中国境外的应税所得在境外已缴纳的企业所得税，以及非居民企业在中国境内设立机构、场所，取得发生在中国境外但与该机构、场所有实际联系的应税所得而在境外所缴纳的企业所得税。二是允许税收抵免的所得税抵免限额，为可抵免应纳税所得根据《企业所得税法》计算出来的应纳税额。三是税收抵免的方式，是从该企业当期应纳税额中抵免，超过抵免限额的部分，可以在以后五个年度内，用每年度抵免限额抵免当年应抵税额后的余额进行抵补。

49. 在计算应纳税所得额时，公司的损失可以扣除吗？

◆ 案例分析

某公司2019年度的收入总额为200万元，免税收入、公益性捐赠、固定资产折旧、无形资产摊销等为30万元，同时当年度损失为20万元。该公司不存在以前年度尚未弥补的亏损，在计算应纳税所得额时，公司的损失可以扣除吗？

《企业所得税法》第五条规定："企业每一纳税年度的收入总额，减除不征税收入、免税收入、各项扣除以及允许弥补的以前年度亏损后的余额，为应纳税所得额。"因此本案中，公司的免税收入、公益性捐赠、固定资产折旧、无形资产摊销等都应当依法在计算应纳税所得额时扣除。《企业所得税法》第八条还规定："企业实际发生的与取得收入有关的、合理的支出，包括成本、费用、税金、损失和其他支出，准予在计算应纳税所得额时扣除。"因此，该公司的20万元损失也应当在计算应纳税所得额时扣除。

◆ 法律条文

《中华人民共和国企业所得税法》

第五条　企业每一纳税年度的收入总额，减除不征税收入、免税收入、各项扣除以及允许弥补的以前年度亏损后的余额，为应纳税所得额。

第八条 企业实际发生的与取得收入有关的、合理的支出，包括成本、费用、税金、损失和其他支出，准予在计算应纳税所得额时扣除。

深度解析

真实、合法和合理是纳税人经营活动中发生支出可以税前扣除的主要条件和基本原则。真实性是税前扣除的首要条件。真实性是指除税法规定的加计费用等扣除外，任何支出除非确属已经真实发生，否则不得在税前扣除。合法性是指无论支出是否实际发生或合理与否，如果是非法支出，不符合税法的有关规定，即使财务会计法规或制度规定可作为费用支出，也不得在企业所得税前扣除。合理性是指可在税前扣除的支出是正常和必要的，计算和分配的方法应该符合一般的经营常规和会计管理。

50. 什么是增值税？要成为增值税的一般纳税人应当履行哪些手续？

◆ 案例分析

某企业是从事服装生产和销售的企业，该企业年销售额达到200万元，认为自己已经符合增值税一般纳税人的条件，因此属于一般纳税人。那么，什么是增值税？要成为增值税的一般纳税人应当履行哪些手续？

增值税是对销售货物或者提供加工、修理修配劳务以及进口货物的单位和个人就其实现的增值额征收的一个税种。依照我国法律规定，在中华人民共和国境内销售货物或修理修配劳务，销售服务、无形资产、不动产及进口货物的单位和个人，为增值税的纳税义务人。增值税征收范围包括：（1）销售货物（有形动产，包括热力、电力、气体等）；（2）应税劳务（提供的加工修理修配劳务）；（3）销售服务、无形资产、不动产；（4）销售进口货物。此外，我国《增值税一般纳税人登记管理办法》第二条第一款规定："增值税纳税人（以下简称'纳税人'），年应税销售额超过财政部、国家税务总局规定的小规模纳税人标准（以下简称'规定标准'）的，除本办法第四条规定外，应当向主管税务机关办理一般纳税人登记。"根据该办法第四条的规定，按政策选择按照小规模纳税人纳税或年应税销售额超过规定标准的其他个人，不办理一般纳税人登记。可见，在本案中，从销售额来看，该企业已经达到了增值税一般纳税人的条件，但是，企业并不能自动取得增值税一般纳税人的资格。依照法律规定，凡是一般纳税人，均应向其企业所在地主管税务机关申请办理一般纳税人资格认定手续。该企业如果要成为增值税一般纳税人，必须向当地税务机关申请，经税务机关认定以后，才能按增值税一般纳税人对待。

◆ 法律条文

《中华人民共和国增值税暂行条例》

第一条 在中华人民共和国境内销售货物或者加工、修理修配劳务（以下简称劳务），销售服务、无形资产、不动产以及进口货物的单位和个人，为增值税的纳税人，应当依照本条例缴纳增值税。

《增值税一般纳税人登记管理办法》

第二条第一款 增值税纳税人（以下简称“纳税人”），年应税销售额超过财政部、国家税务总局规定的小规模纳税人标准（以下简称“规定标准”）的，除本办法第四条规定外，应当向主管税务机关办理一般纳税人登记。

第四条 下列纳税人不办理一般纳税人登记：

（一）按照政策规定，选择按照小规模纳税人纳税的；

（二）年应税销售额超过规定标准的其他个人。

深度解析

在实际操作中应当从以下三个方面来界定增值税纳税人的范围：

(1) 必须有发生在中华人民共和国境内的应税行为。这是界定增值税纳税人的第一个条件，是税收主权的直接体现。

(2) 应税行为的范围限于销售货物或者加工、修理修配劳务（以下简称劳务），销售服务、无形资产、不动产以及进口货物。这是界定增值税纳税人的第二个条件，明确了应税行为的范围，即征税范围。

(3) 纳税人可以是单位和个人。这是界定增值税纳税人的第三个条件。

51. 税务机关要求纳税人对未到期的税务提供纳税担保的，纳税人可以拒绝吗?

◆ 案例分析

某出租车公司有逃税行为，而且税务机关发现该公司正在转移资产。税务机关要求该公司提供纳税担保，出租车公司称公司还没有到缴纳税款的期限，因此拒绝提供担保。那么，出租车公司可以拒绝吗?

纳税担保是指经税务机关同意或确认，纳税人或其他自然人、法人、经济组织以保证、抵押、质押的方式，为纳税人应当缴纳的税款及滞纳金提供担保的行为。我国《纳税担保试行办法》第三条规定，税务机关有根据认为从事生产、经营的纳税人有逃避纳税义务行为，在规定的纳税期之前经责令其限期缴纳应纳税款，在限期内发现纳税人有明显的转移、隐匿其应纳税的商品、货物以及其他财产或者应纳税收入的迹象，责成纳税人提供纳税担保的，适用纳税担保。在本案中，该出租车公司有逃税行为，并正在转移资产，虽然没有到纳税期，但是税务机关可以依法要求其提供纳税担保，该公司应当提供担保，不能拒绝。

◆ 法律条文

《纳税担保试行办法》

第三条 纳税人有下列情况之一的，适用纳税担保：

（一）税务机关有根据认为从事生产、经营的纳税人有逃避纳税义务行为，在规定的纳税期之前经责令其限期缴纳应纳税款，在限期内发现纳税人有明显的转移、隐匿其应纳税的商品、货物以及其他财产或者应纳税收入的迹象，责成纳税人提供纳税担保的；

（二）欠缴税款、滞纳金的纳税人或者其法定代表人需要出境的；

（三）纳税人同税务机关在纳税上发生争议而未缴清税款，需要申请行政复议的；

（四）税收法律、行政法规规定可以提供纳税担保的其他情形。

深度解析

纳税担保是现代各国所普遍采用的适用于税收法律中的一项制度。它是指经税务机关同意或确认，纳税人或其他自然人、法人、经济组织以保证、抵押、质押的方式，为纳税人应当缴纳的税款及滞纳金提供担保的行为。纳税担保范围包括税款、滞纳金和实现税款、滞纳金的费用。费用包括抵押、质押登记费用、质押保管费用，以及保管、拍卖、变卖担保财产等相关费用支出。用于纳税担保的财产、权利的价值不得低于应当缴纳的税款、滞纳金，并考虑相关的费用。纳税担保的财产价值不足以抵缴税款、滞纳金的，税务机关应当向提供担保的纳税人或纳税担保人继续追缴。

52. 超过了税务机关的追征期的，企业还应该补缴税款吗？

◆ 案例分析

2020 年 1 月，税务人员在检查中发现某企业 2016 年 12 月少缴增值税 3 万元，经调查了解得知是该公司财务人员采取虚假的纳税申报手段少缴税款。税务机关要求追征这笔税款，该企业财务人员认为时间已超过三年，超过了税务机关的追征期，不应再缴纳这笔税款。那么该企业还应该补缴这笔税款吗？

《税收征收管理法》第五十二条第一款规定："因税务机关的责任，致使纳税人、扣缴义务人未缴或者少缴税款的，税务机关在三年内可以要求纳税人、扣缴义务人补缴税款，但是不得加收滞纳金。"在本案中，税务人员没有发现该公司少缴税款，但是并不是税务机关的责任，是该公司财务人员采取不正当的手段少缴了税款。再者，该企业少缴税款并非计算失误，而是纳税人违反税法规定，采取虚假纳税申报，其行为在性质上已构成偷税。同时，该条第三款还规定："对偷税、抗税、骗税的，税务机关追征其未缴或者少缴的税款、滞纳金或者所骗取的税款，不受前款规定期限的限制。"因此，税务机关可以无限期追征，不受三年期限的限制。

◆ 法律条文

《中华人民共和国税收征收管理法》

第五十二条　因税务机关的责任，致使纳税人、扣缴义务人未缴或者少缴税款的，税务机关在三年内可以要求纳税人、扣缴义务人补缴税款，但是不得加收滞纳金。

因纳税人、扣缴义务人计算错误等失误，未缴或者少缴税款的，税务机关在三年内可以追征税款、滞纳金；有特殊情况的，追征期可以延长到五年。

对偷税、抗税、骗税的，税务机关追征其未缴或者少缴的税款、滞纳金或者所骗取的税款，不受前款规定期限的限制。

深度解析

对于纳税人、扣缴义务人未缴或者少缴的税款，因本属国家的既得利益，自应收归国库，这一点是毫无异议的，但是如果规定允许无限期补缴和追征，则既不利于社会经济关系的稳定，又会给征纳双方带来许多不必要的麻烦和问题，因此，对税款规定补缴和追征期是必要的。因税务机关的责任，致使未缴或者少缴税款的，税务机关在三年内可以要求补缴税款，但不得加收滞纳金。因纳税人、扣缴义务人计算错误等失误，未缴或者少缴税款的，税务机关在三年内要求补缴税款的，可以追征滞纳金。对偷税、抗税、骗税的，税务机关可以无限期追征，不受三年时间限制。

53. 税务机关对企业多缴的税款应如何处理？

◆ 案例分析

2020 年 1 月，某公司在进行企业会计结算时发现，2015 年 6 月纳税申报时多缴了增值税 1 万元。该公司向当地主管税务机关申请退还多缴的税款，但税务机关称申请退税期限已过，不予受理。那么，税务机关对企业多缴的税款应如何处理？

《税收征收管理法》第五十一条规定："纳税人超过应纳税额缴纳的税款，税务机关发现后应当立即退还；纳税人自结算缴纳税款之日起三年内发现的，可以向税务机关要求退还多缴的税款并加算银行同期存款利息，税务机关及时查实后应当立即退还……"据此，纳税人多缴税款过了三年发现的，纳税人的追索权利就会丧失，不能要求税务机关退回多收税款及利息了。在本案中，该公司多缴税款发生在 2015 年，到 2020 年发现时，已超过了 3 年期限，追索权利已丧失，因而税务机关可以不退回多收税款。

◆ 法律条文

《中华人民共和国税收征收管理法》

第五十一条 纳税人超过应纳税额缴纳的税款，税务机关发现后应当立即退还；纳税人自结算缴纳税款之日起三年内发现的，可以向税务机关要求退还多缴的税款并加算银行同期存款利息，税务机关及时查实后应当立即退还；涉及从国库中退库的，依照法律、行政法规有关国库管理的规定退还。

深度解析

税务机关征收税款、纳税人缴纳税款是一项政策性强、技术难度高的经常性工作，在征纳税款的过程中，由于理解税法错误、计算错误、错用税率、调高税额或财务技术处理失当等各种原因，都有可能出现多征多缴税款的情况，对此我国法律提供了两种处理途径：一种是由税务机关发现的多征税款，这种情况只要是税务机关本身发现的，就必须主动通知纳税人并立即办理退还手续，将纳税人超过应纳税额缴纳的税款马上退还；另一种是由纳税人自己发现的多缴税款，对这种情况纳税人自结算缴纳税款之日起三年内，可以向税务机关提出退还的申请，要求税务机关退还多缴的税款并加算银行同期存款利息，税务机关经核实后应依法予以退还。

54. 公司经营上确有困难的，可以申请延期缴纳税款吗？

◆ 案例分析

某公司出现经营困难，但是上两个月的税款还没有缴纳。该公司总经理想到税务机关说明其经济困难的情况，以申请延期缴纳税款，这样可以吗？

《税收征收管理法》第三十二条规定："纳税人未按照规定期限缴纳税款的，扣缴义务人未按照规定期限解缴税款的，税务机关除责令限期缴纳外，从滞纳税款之日起，按日加收滞纳税款万分之五的滞纳金。"但是实际中会有公司企业因种种原因不能按时缴纳税款，因此该法第三十一条第二款规定，纳税人因有特殊困难，不能按期缴纳税款的，经省、自治区、直辖市国家税务局、地方税务局批准，可以延期缴纳税款，但是最长不得超过三个月。在本案中，该公司因经济困难，不能按时缴纳税款，其可以经省、自治区、直辖市国家税务局、地方税务局批准，延期缴纳税款。

◆ 法律条文

《中华人民共和国税收征收管理法》

第三十一条 纳税人、扣缴义务人按照法律、行政法规规定或者税务机关依照法律、行政法规的规定确定的期限，缴纳或者解缴税款。

纳税人因有特殊困难，不能按期缴纳税款的，经省、自治区、直辖市国家税务局、地方税务局批准，可以延期缴纳税款，但是最长不得超过三个月。

第三十二条　纳税人未按照规定期限缴纳税款的，扣缴义务人未按照规定期限解缴税款的，税务机关除责令限期缴纳外，从滞纳税款之日起，按日加收滞纳税款万分之五的滞纳金。

深度解析

依法及时缴纳税款是纳税人的义务，但在实际纳税过程中，由于纳税人的生产经营情况比较复杂，法律也规定了按时纳税的例外，即在特殊情况下，纳税人可以延期纳税。理解延期纳税需要注意以下几个方面：首先，延期纳税的前提是纳税人因有特殊困难，不能按期缴纳税款，如因自然灾害等不可抗力事件；其次，不是一经纳税人申请就可以延期纳税，延期纳税必须经省、自治区、直辖市国家税务局、地方税务局批准；最后，延期纳税的期限最长不得超过三个月。目的是防止长时间的延期纳税，以此达到不交税的目的。

第八章 企业依法经营法律知识

经营者不得实施这些混淆行为，引人误认为是他人商品或者与他人存在特定联系

- 擅自使用与他人有一定影响的商品名称、包装、装潢等相同或者近似的标识
- 擅自使用他人有一定影响的企业名称（包括简称、字号等）、社会组织名称（包括简称等）、姓名（包括笔名、艺名、译名等）
- 擅自使用他人有一定影响的域名主体部分、网站名称、网页等
- 其他足以引人误认为是他人商品或者与他人存在特定联系的混淆行为

经营者不得利用技术手段，通过影响用户选择或者其他方式，实施妨碍、破坏其他经营者合法提供的网络产品或者服务正常运行的行为

- 未经其他经营者同意，在其合法提供的网络产品或者服务中，插入链接、强制进行目标跳转
- 误导、欺骗、强迫用户修改、关闭、卸载其他经营者合法提供的网络产品或者服务
- 恶意对其他经营者合法提供的网络产品或者服务实施不兼容
- 其他妨碍、破坏其他经营者合法提供的网络产品或者服务正常运行的行为

经营者进行有奖销售不得存在的情形

- 所设奖的种类、兑奖条件、奖金金额或者奖品等有奖销售信息不明确，影响兑奖
- 采用谎称有奖或者故意让内定人员中奖的欺骗方式进行有奖销售
- 抽奖式的有奖销售，最高奖的金额超过五万元

经营者不得有的不正当价格行为

- 提供相同商品或者服务，对具有同等交易条件的其他经营者实行价格歧视
- 采取抬高等级或者压低等级等手段收购、销售商品或者提供服务，变相提高或者压低价格
- 违反法律、法规的规定牟取暴利
- 法律、行政法规禁止的其他不正当价格行为
- 相互串通，操纵市场价格，损害其他经营者或者消费者的合法权益
- 在依法降价处理鲜活商品、季节性商品、积压商品等商品外，为了排挤竞争对手或者独占市场，以低于成本的价格倾销，扰乱正常的生产经营秩序，损害国家利益或者其他经营者的合法权益
- 捏造、散布涨价信息，哄抬价格，推动商品价格过高上涨的
- 利用虚假的或者使人误解的价格手段，诱骗消费者或者其他经营者与其进行交易

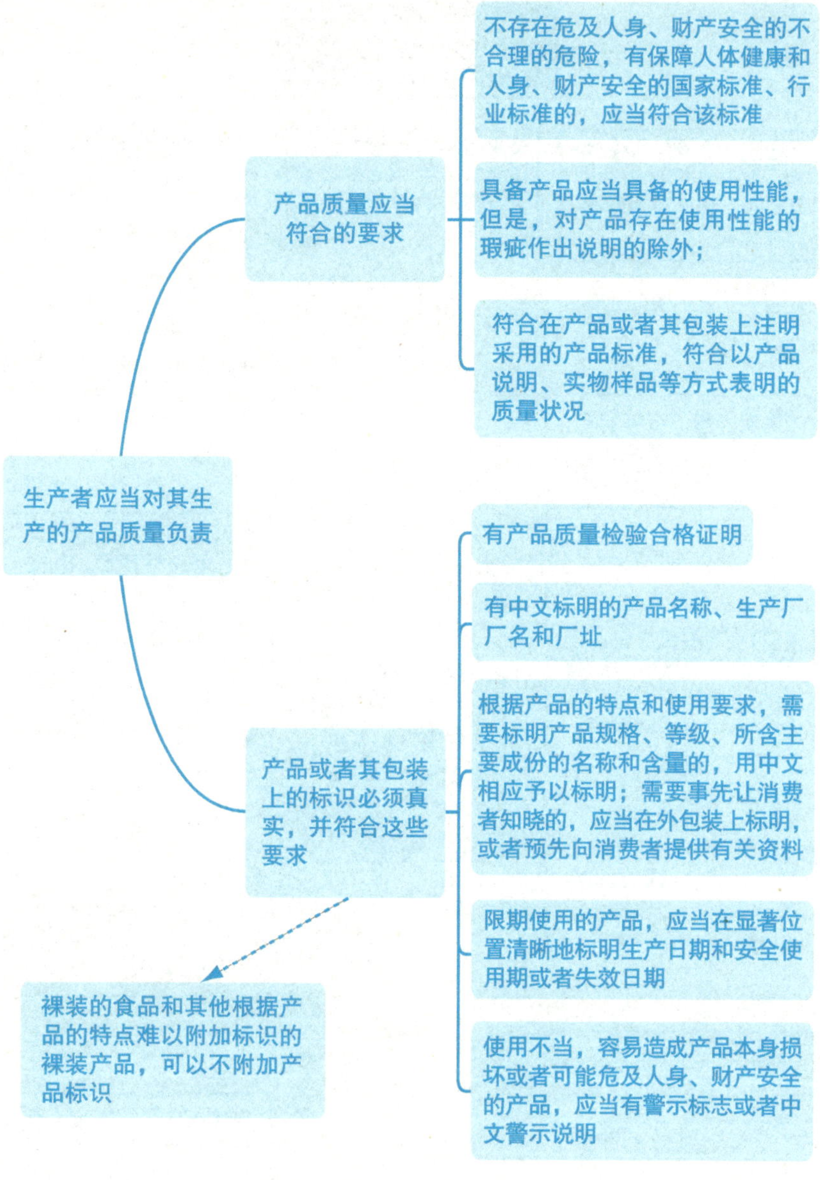
生产者应当对其生产的产品质量负责
产品质量应当符合的要求
不存在危及人身、财产安全的不合理的危险，有保障人体健康和人身、财产安全的国家标准、行业标准的，应当符合该标准
具备产品应当具备的使用性能，但是，对产品存在使用性能的瑕疵作出说明的除外；
符合在产品或者其包装上注明采用的产品标准，符合以产品说明、实物样品等方式表明的质量状况
产品或者其包装上的标识必须真实，并符合这些要求
有产品质量检验合格证明
有中文标明的产品名称、生产厂厂名和厂址
根据产品的特点和使用要求，需要标明产品规格、等级、所含主要成份的名称和含量的，用中文相应予以标明；需要事先让消费者知晓的，应当在外包装上标明，或者预先向消费者提供有关资料
限期使用的产品，应当在显著位置清晰地标明生产日期和安全使用期或者失效日期
使用不当，容易造成产品本身损坏或者可能危及人身、财产安全的产品，应当有警示标志或者中文警示说明
裸装的食品和其他根据产品的特点难以附加标识的裸装产品，可以不附加产品标识

55. 经理自行涂改会计凭证的误差，符合法律规定吗？

◆ 案例分析

某公司进行季度财务统计时发现，公司的原始记账凭证与实际有误差，原来是会计在办理时不小心记错了。经理认为他已经看了会计凭证，并知道是会计的无心之错，便让会计拿涂改液涂改了就行，会计称这个是原始凭证不能涂改，他便要求自行涂改。经理自行涂改会计凭证的误差，符合法律规定吗？

会计凭证是记录经济业务、明确经济责任、按一定格式编制的登记会计账簿的书面证明。会计凭证中的记账凭证是以原始凭证为依据，作为记入账簿内各个分类账户的书面证明，如收款凭证、付款凭证、转账凭证等。会计人员可以根据会计凭证，对日常大量、分散的各种经济业务，进行整理、分类、汇总，并经过会计处理，为经济管理提供有效的会计信息。《会计法》第十四条第四款规定："原始凭证记载的各项内容均不得涂改……"不论是会计人员还是公司的领导管理人员都不能对原始凭证进行涂改。当然，经理自行涂改会计凭证的误差，是不符合法律规定的。

◆ 法律条文

《中华人民共和国会计法》

第十四条 会计凭证包括原始凭证和记帐凭证。

办理本法第十条所列的经济业务事项，必须填制或者取得原始凭证并及时送交会计机构。

会计机构、会计人员必须按照国家统一的会计制度的规定对原始凭证进行审核，对不真实、不合法的原始凭证有权不予接受，并向单位负责人报告；对记载不准确、不完整的原始凭证予以退回，并要求按照国家统一的会计制度的规定更正、补充。

原始凭证记载的各项内容均不得涂改；原始凭证有错误的，应当由出具单位重开或者更正，更正处应当加盖出具单位印章。原始凭证金额有错误的，应当由出具单位重开，不得在原始凭证上更正。

记帐凭证应当根据经过审核的原始凭证及有关资料编制。

深度解析

对原始凭证的审核主要包括以下几个方面的内容：(1) 审核原始凭证所记载的经济业务是否正常，判断是否正确，涉及业务发生的日期、季节、经办负责人员、数量和单位、业务的程序和手续等是否符合要求等。(2) 合法性、合规性、合理性审核。主要审核凭证中所反映的经济业务的内容是否符合国家有关政策、法令、制度、计划、预算和合同等的规定，是否符合审批权限和手续，以及是否符合节约原则等。(3) 完整性审核。主要审核原始凭证的手续是否完备，应填项目是否填写齐全，有关经办人员是否都已签名或盖章，主管人员是否审批同意等。(4) 正确性审核。主要审核原始凭证的摘要和数字是否填写清楚、正确，数量、单价、金额的计算有无差错，大写与小写金额是否相符等。

56. 明知是不正当手段获取的客户信息而使用的，是违法行为吗？

◆ 案例分析

费某是某电脑销售公司业务经理，其表弟邹某在电信公司工作，获有大量确实的客户信息。邹某因违反了公司的规章制度，被开除职务，在离职前将这些客户信息进行了复制。费某知道邹某的这些信息来路不正，但是公司的销售正在低谷，在邹某的要求下还是有偿使用了这些信息，并为公司寻找了很多新客户。费某的做法是违法行为吗？

根据《反不正当竞争法》第九条的规定，经营者不得以盗窃、贿赂、欺诈、胁迫、电子侵入或者其他不正当手段获取权利人的商业秘密，不得披露、使用或者允许他人使用以前项手段获取的权利人的商业秘密等不正当手段侵犯商业秘密。在本案中，费某明知邹某的客户信息来路不正，还是采用了并因此找到很多新客户，可以认定为费某使用他人以不正当手段获取的权利人的商业秘密，违反了《反不正当竞争法》的规定，如果所侵害的利益不大，可以只做一般违法处理，责令费某及其电脑销售公司停止违法行为，没收违法所得，可以根据情节处以十万元以上一百万元以下的罚款。

◆法律条文

《中华人民共和国反不正当竞争法》

第九条 经营者不得实施下列侵犯商业秘密的行为：

（一）以盗窃、贿赂、欺诈、胁迫、电子侵入或者其他不正当手段获取权利人的商业秘密；

（二）披露、使用或者允许他人使用以前项手段获取的权利人的商业秘密；

（三）违反保密义务或者违反权利人有关保守商业秘密的要求，披露、使用或者允许他人使用其所掌握的商业秘密；

（四）教唆、引诱、帮助他人违反保密义务或者违反权利人有关保守商业秘密的要求，获取、披露、使用或者允许他人使用权利人的商业秘密。

经营者以外的其他自然人、法人和非法人组织实施前款所列违法行为的，视为侵犯商业秘密。

第三人明知或者应知商业秘密权利人的员工、前员工或者其他单位、个人实施本条第一款所列违法行为，仍获取、披露、使用或者允许他人使用该商业秘密的，视为侵犯商业秘密。

本法所称的商业秘密，是指不为公众所知悉、具有商业价值并经权利人采取相应保密措施的技术信息、经营信息等商业信息。

第二十一条 经营者以及其他自然人、法人和非法人组织违反本法第九条规定侵犯商业秘密的，由监督检查部门责令停止违法行为，没收违法所得，处十万元以上一百万元以下的罚款；情节严重的，处五十万元以上五百万元以下的罚款。

深度解析

所谓商业秘密，是指不为公众所知悉，能为权利人带来经济利益、具有实用性并经权利人采取保密措施的技术信息和经营信息。并不是所有的技术信息和经营信息都是商业秘密，只有符合下面三个条件的技术信息和经营信息，才是商业秘密：(1) 这些信息必须是不为公众所知悉的，即不是已经公开的或普遍为公众所知晓的信息、资料、方法；(2) 这些信息必须具有实用性，能够为权利人带来实际的或潜在的经济利益和竞争优势；(3) 权利人必须为这些信息采取了适当的保密措施。

57. 为提高销量，可以标注同类知名产品的产地吗？

◆ 案例分析

某茶厂生产的茶叶质量好，与西湖龙井几乎没有区别，但是由于厂家小，产品的外包装过于简单，宣传力度也不够，所以茶叶的销量一直不好。厂领导想若是在茶叶的外包装上写明产地为西湖，其知名度、销量一定会大涨。那么，非西湖龙井可以标明产地为西湖吗？换句话说，为提高销量，可以标注同类知名产品的产地吗？

土特产品的产地不一样，产品品质也会有很大差别，“南橘北枳”就是一个很好的例子。为了扩大产品的知名度，很多有名产品都在外包装上写明产地。在发财心理的刺激下，很多不法商贩就在产地上做文章，伪造产品产地。根据我国《产品质量法》第三十条、第五十三条的规定，生产者不得伪造产地，也不得伪造或者冒用他人的厂名、厂址。若伪造产品产地的，应责令改正，没收违法生产、销售的产品，并处违法生产、销售产品货值金额等值以下的罚款；若有违法所得的，还将并处没收违法所得；若情节严重的，生产者还会被吊销营业执照。在本案中，该茶叶厂生产的茶叶质量好，但是销量一般，应当在销售途径上下功夫，而不能在茶叶的外包装上写上产地是西湖。

◆ 法律条文

《中华人民共和国产品质量法》

第三十条　生产者不得伪造产地，不得伪造或者冒用他人的厂名、厂址。

第五十三条　伪造产品产地的，伪造或者冒用他人厂名、厂址的，伪造或者冒用认证标志等质量标志的，责令改正，没收违法生产、销售的产品，并处违法生产、销售产品货值金额等值以下的罚款；有违法所得的，并处没收违法所得；情节严重的，吊销营业执照。

深度解析

生产者、销售者伪造产品产地的，伪造或者冒用他人厂名、厂址的，或者伪造或者冒用认证标志等质量标志的，除由行政执法机关责令其立即停止违法行为外，对违法的生产者、销售者还应当追究以下法律责任：（1）将违法生产、销售的产品予以没收；（2）罚款；（3）没收违法所得；（4）情节严重的，吊销营业执照。

58. 公司自卖自买股票，不转移权利，可以吗？

◆ 案例分析

某上市公司为了提升自有股票价格，想对其股票在几个自有账户之间进行不转移权利的自买自卖，借以炒高股票价格。还未实施该行为即被曝光，被证监会依法叫停，并予以处罚。那么，证监会的做法有法律依据吗？

根据《证券法》第五十五条的规定，任何人不得通过以下手段操纵证券市场，影响或意图影响证券交易价格或者证券交易量：第一，单独或者通过合谋，集中资金优势、持股优势或者利用信息优势联合或者连续买卖；第二，与他人串通，以事先约定的时间、价格和方式相互进行证券交易；第三，在自己实际控制的账户之间进行证券交易；第四，不以成交为目的，频繁或者大量申报并撤销申报；第五，利用虚假或者不确定的重大信息，诱导投资者进行证券交易；第六，对证券、发行人公开作出评价、预测或者投资建议，并进行反向证券交易；第七，利用在其他相关市场的活动操纵证券市场……可见，行为人在自己实际控制的账户之间进行证券交易，影响证券交易价格或者证券交易量等行为是典型的操纵市场行为，是法律所禁止的。在本案中，该上市公司为了提升自有股票价格，对其股票在几个自有账户之间进行不转移权利的自买自卖，是属于在自己实际控制的账户之间进行证券交易，影响证券交易价格或者证券交易量，应当被依法制止，如果对其他股民造成经济损失，该公司还应当承担赔偿责任。

◆ 法律条文

《中华人民共和国证券法》

第五十五条　禁止任何人以下列手段操纵证券市场，影响或者意图影响证券交易价格或者证券交易量：

（一）单独或者通过合谋，集中资金优势、持股优势或者利用信息优势联合或者连续买卖；

（二）与他人串通，以事先约定的时间、价格和方式相互进行证券交易；

（三）在自己实际控制的账户之间进行证券交易；

（四）不以成交为目的，频繁或者大量申报并撤销申报；

（五）利用虚假或者不确定的重大信息，诱导投资者进行证券交易；

（六）对证券、发行人公开作出评价、预测或者投资建议，并进行反向证券交易；

（七）利用在其他相关市场的活动操纵证券市场；

（八）操纵证券市场的其他手段。

操纵证券市场行为给投资者造成损失的，应当依法承担赔偿责任。

深度解析

证券市场中恶性炒作、操纵股价获取暴利的行为，不仅会严重危害证券市场的秩序，而且会造成许多中小投资者的损失。为了保护广大投资者的利益，维持证券交易公正合理地进行，必须严格禁止操纵证券交易价格的行为。对此，《证券法》对操纵证券市场行为的民事责任作了明确的规定，这样更有利于当事人通过民事诉讼挽回或者减少自己的损失，加大对操纵证券市场行为人的制裁力度，有效打击、遏制证券市场中的操纵证券市场行为。

59. 什么是空白支票？空白支票遗失后给他人带来损失的，公司还要承担责任吗？

◆ 案例分析

甲公司遗失空白转账支票一张。青年乙持该空白转账支票到某商厦购买物品，价值合人民币 2 万元。商厦售货员根据该青年乙的提示填写了支票，包括开户银行名称、签发人账户、用途及大小写金额等事项。第二天该商厦财务人员持该支票到银行转账，银行以账户不符为由退回支票。甲公司声明该支票已经作废，不承担责任。那么，甲公司的声明符合法律规定吗？

空白支票是指在出票时，对若干必要记载事项未进行记载，即完成签章并予以交付，而授权他人在其后进行补记，经补记后才使其有效成立的支票。《票据法》第八十五条明确规定："支票上的金额可以由出票人授权补记，未补记前的支票，不得使用。"甲公司签发预留印鉴的空白支票是不符合法律规定的。甲公司支票遗失后，又未按法定公示催告程序宣告票据无效。《民事诉讼法》第二百一十八条中规定："按照规定可以背书转让的票据持有人，因票据被盗、遗失或者灭失，可以向票据支付地的基层人民法院申请公示催告……"同时，《民事诉讼法》第二百二十二条规定："没有人申报的，人民法院应当根据申请人的申请，作出判决，宣告票据无效。判决应当公告，并通知支付人。自判决公告之日起，申请人有权向支付人请求支付。”宣告票据无效只能通过公示催告程序由法院作出，票据当事人单方面声明票据作废的做法是没有法律效力的。甲公司在空白支票遗失后，未采取法定补救措施，致使支票被他人冒领，对此，甲公司应自行承担责任。

◆ 法律条文

《中华人民共和国票据法》

第八十五条 支票上的金额可以由出票人授权补记，未补记前的支票，不得使用。

《中华人民共和国民事诉讼法》

第二百一十八条 按照规定可以背书转让的票据持有人，因票据被盗、遗失或者灭失，可以向票据支付地的基层人民法院申请公示催告。依照法律规定可以申请公示催告的其他事项，适用本章规定。

申请人应当向人民法院递交申请书，写明票面金额、发票人、持票人、背书人等票据主要内容和申请的理由、事实。

第二百二十二条 没有人申报的，人民法院应当根据申请人的申请，作出判决，宣告票据无效。判决应当公告，并通知支付人。自判决公告之日起，申请人有权向支付人请求支付。

深度解析

我国《票据法》对于空白支票的使用有严格的规定。对于支票金额的补记，应该满足以下的条件：出票人在支票上签章并且交付了支票；在支票上没有记载支票金额的事项；出票人授权持票人在取得票据以后进行补充记载。这里应该注意两点：(1) 补充记载应该在出票人的授权范围以内进行记载；(2) 在进行补充记载之前，支票是不能够进行使用的。

60. 发现票据被盗后，应当怎么办？

◆ 案例分析

2019年9月9日，甲公司与乙公司订立了一份购销合同。合同约定：甲公司供给乙公司一批煤炭，价值人民币80万元。9月10日，乙公司签发了一张以其开户银行为付款人、以甲公司为收款人、票面金额为80万元、见票后30天付款的商业汇票，并将汇票交付甲公司。10月3日，甲公司财务室被盗，国庆节期间财务室无人值班，直至10月8日才发现，于是甲公司向公安机关报案。那么乙公司开出的80万元汇票被盗，甲公司应当怎么办？

票据会因为管理不当、失窃、遗失等多种原因而丧失，对票据丧失后的补救措施，《票据法》第十五条规定，票据遗失或灭失后，可以采取的补救措施有：（1）通知挂失止付；（2）申请公示催告；（3）提起诉讼。在本案中，票据被盗，甲公司最积极的措施应当是挂失止付，及时将汇票被盗的情况通知乙公司的开户行，要求其停止支付该汇票。如果银行在得知这一情况后还坚持支付，甲公司可以该银行为被告向法院起诉，以银行未履行止付义务为由要求其承担民事责任。

◆ 法律条文

《中华人民共和国票据法》

第十五条 票据丧失，失票人可以及时通知票据的付款人挂失止付，但是，未记载付款人或者无法确定付款人及其代理付款人的票据除外。

收到挂失止付通知的付款人，应当暂停支付。

失票人应当在通知挂失止付后三日内，也可以在票据丧失后，依法向人民法院申请公示催告，或者向人民法院提起诉讼。

深度解析

挂失止付是票据丧失后的一种补救办法，采取此种方法应该注意以下几点：一是应该及时通知付款人；二是应该通知付款人停止支付票据款项；三是在法律中规定了，如果票据上没有记载付款人或者无法确定付款人及其代理人，那么票据的丧失补救办法不能够采取挂失止付的方法；四是挂失止付的票据应该是有效的票据，同时，挂失止付人应该提供票据的基本情况；五是在申请挂失止付以后的三天之内，应当申请公示催告或者向人民法院提起诉讼，最终确定票据权利的归属。

第九章
企业刑事犯罪法律知识

单位犯罪

- 单位负刑事责任的范围
  - 公司、企业、事业单位、机关、团体实施的危害社会的行为，法律规定为单位犯罪的，应当负刑事责任
- 单位犯罪的处罚原则
  - 单位犯罪的，对单位判处罚金，并对其直接负责的主管人员和其他直接责任人员判处刑罚
  - 刑法分则和其他法律另有规定的，依照规定

罚金

- 罚金数额的裁量
  - 判处罚金，应当根据犯罪情节决定罚金数额
- 罚金的缴纳
  - 罚金在判决指定的期限内一次或者分期缴纳
  - 期满不缴纳的，强制缴纳
  - 对于不能全部缴纳罚金的，人民法院在任何时候发现被执行人有可以执行的财产，应当随时追缴
  - 由于遭遇不能抗拒的灾祸等原因缴纳确实有困难的，经人民法院裁定，可以延期缴纳、酌情减少或者免除

虚开增值税专用发票、用于骗取出口退税、抵扣税款发票罪

- 虚开增值税专用发票或者虚开用于骗取出口退税、抵扣税款的其他发票的，处三年以下有期徒刑或者拘役，并处二万元以上二十万元以下罚金
- 虚开的税款数额较大或者有其他严重情节的，处三年以上十年以下有期徒刑，并处五万元以上五十万元以下罚金
- 虚开的税款数额巨大或者有其他特别严重情节的，处十年以上有期徒刑或者无期徒刑，并处五万元以上五十万元以下罚金或者没收财产

单位犯本罪的，对单位判处罚金，并对其直接负责的主管人员和其他直接责任人员，处三年以下有期徒刑或者拘役；虚开的税款数额较大或者有其他严重情节的，处三年以上十年以下有期徒刑；虚开的税款数额巨大或者有其他特别严重情节的，处十年以上有期徒刑或者无期徒刑

强迫劳动罪

- 情形
  - 以暴力、威胁或者限制人身自由的方法强迫他人劳动的
  - 明知他人实施强迫他人劳动的行为，为其招募、运送人员或者有其他协助强迫他人劳动行为的
- 处罚
  - 处三年以下有期徒刑或者拘役，并处罚金
  - 情节严重的，处三年以上十年以下有期徒刑，并处罚金

单位犯此罪的，对单位判处罚金，并对其直接负责的主管人员和其他直接责任人员，依照以上的规定处罚

侵犯商业秘密罪

- 商业秘密和权利人的定义
  - 权利人，是指商业秘密的所有人和经商业秘密所有人许可的商业秘密使用人
  - 这里所称商业秘密，是指不为公众所知悉，能为权利人带来经济利益，具有实用性并经权利人采取保密措施的技术信息和经营信息
- 行为认定
  - 以盗窃、贿赂、欺诈、胁迫、电子侵入或者其他不正当手段获取权利人的商业秘密的
  - 披露、使用或者允许他人使用以前项手段获取的权利人的商业秘密的
  - 违反保密义务或者违反权利人有关保守商业秘密的要求，披露、使用或者允许他人使用其所掌握的商业秘密的
  - 明知前述所列行为，获取、披露、使用或者允许他人使用该商业秘密的
- 处罚
  - 情节严重的，处三年以下有期徒刑，并处或者单处罚金
  - 情节特别严重的，处三年以上十年以下有期徒刑，并处罚金

拒不支付劳动报酬罪

- 处罚
  - 数额较大，经政府有关部门责令支付仍不支付的，处三年以下有期徒刑或者拘役，并处或者单处罚金
  - 造成严重后果的，处三年以上七年以下有期徒刑，并处罚金
  - 单位犯此罪的，对单位判处罚金，并对其直接负责的主管人员和其他直接责任人员，依照这些规定处罚
- 行为认定
  - 以转移财产、逃匿等方法逃避支付劳动者的劳动报酬
  - 有能力支付而不支付劳动者的劳动报酬
  - 有这些行为，尚未造成严重后果，在提起公诉前支付劳动者的劳动报酬，并依法承担相应赔偿责任的，可以减轻或者免除处罚

单位受贿罪

- 国家机关、国有公司、企业、事业单位、人民团体，索取、非法收受他人财物，为他人谋取利益，情节严重的，对单位判处罚金，并对其直接负责的主管人员和其他直接责任人员，处五年以下有期徒刑或者拘役
  - 所列单位，在经济往来中，在账外暗中收受各种名义的回扣、手续费的，以受贿论，依照前面的规定处罚

61. 什么是单位犯罪？其刑事责任由谁来承担？

◆ 案例分析

张某所在水电公司涉嫌单位犯罪，张某是公司的副总经理，公司的董事长崔某受到了刑事处罚，可是张某却没有。那么，什么是单位犯罪？其刑事责任由谁来承担？

单位犯罪是公司、企业、事业单位、机关、团体等法定单位，经单位集体研究决定或由有关负责人员如董事长、总经理代表单位决定，为本单位谋取利益而故意实施的，或不履行单位法律义务、过失实施的危害社会，由法律规定为应负刑事责任的行为。《最高人民法院关于审理单位犯罪案件具体应用法律有关问题的解释》第一条明确指出："刑法第三十条规定的'公司、企业、事业单位'，既包括国有、集体所有的公司、企业、事业单位，也包括依法设立的合资经营、合作经营企业和具有法人资格的独资、私营等公司、企业、事业单位。"

《刑法》第三十一条中规定："单位犯罪的，对单位判处罚金，并对其直接负责的主管人员和其他直接责任人员判处刑罚……"对单位犯罪的处罚原则是：一般采取"双罚制"原则。刑法分则有特别规定只实行单罚的，依照规定。从刑法现有的规定看，在单罚的场合一般只处罚单位犯罪的直接责任人员（包括单位直接负责的主管人员和单位其他直接责任人员），而不处罚单位，如妨害清算罪、私分国有资产罪、私分罚没财物罪。还有某些过失犯罪，如重大劳动安全事故罪、工程重大安全事故罪、教育设施重大安全事故罪、消防责任事故罪。

◆ 法律条文

《中华人民共和国刑法》

第三十条　公司、企业、事业单位、机关、团体实施的危害社会的行为，法律规定为单位犯罪的，应当负刑事责任。

第三十一条　单位犯罪的，对单位判处罚金，并对其直接负责的主管人员和其他直接责任人员判处刑罚。本法分则和其他法律另有规定的，依照规定。

《最高人民法院关于审理单位犯罪案件具体应用法律有关问题的解释》

第一条　刑法第三十条规定的“公司、企业、事业单位”，既包括国有、集体所有的公司、企业、事业单位，也包括依法设立的合资经营、合作经营企业和具有法人资格的独资、私营等公司、企业、事业单位。

深度解析

单位犯罪是区别于自然人犯罪的一种特殊犯罪形态，是指以单位为主体的犯罪。根据我国法律规定，法人必须具备一定的条件：(1) 依法成立；(2) 有必要的财产或者经费；(3) 有自己的名称、组织机构或者场所；(4) 能够独立承担民事责任。而现实中如某些银行的分、支行，某些总公司下属的分公司，社会团体中的非法人团体等，虽然不具有法人资格，但在某些情况下可能成为犯罪的主体。为此，我国刑法规定的是单位犯罪，而不是法人犯罪，单位既包括法人，也包括非法人组织。

62. 烧毁会计账册的行为属于故意销毁会计凭证罪吗?

◆ 案例分析

税务部门检查某公司会计账册，总经理方某和会计师马某串通好阻止税务部门的检查。马某、方某聚在一起商量，方某提出原始会计记账凭证不能留，要处理掉，马某同意，后二人将凭证拿到灶上烧毁。方某和马某的行为构成故意销毁会计凭证罪吗?

故意销毁会计凭证罪是指负有保存会计资料义务的人员，故意销毁依法应当保存的会计凭证、会计账簿、财务会计报告，情节严重的行为。法律要求公司、企业设立规范的会计账目，并依法予以保存的目的在于准确反映公司、企业的经营状况，以备随时查核，并依法予以监督。会计凭证、会计账簿、财务会计报告等属于公司应当保存的重要会计凭证。方某、马某等将会计凭证拿到灶上烧毁，属于故意销毁会计凭证罪。

◆ 法律条文

《中华人民共和国刑法》

第一百六十二条　公司、企业进行清算时，隐匿财产，对资产负债表或者财产清单作虚伪记载或者在未清偿债务前分配公司、企业财产，严重损害债权人或者其他人利益的，对其直接负责的主管人员和其他直接责任人员，处五年以下有期徒刑或者拘役，并处或者单处二万元以上二十万元以下罚金。

第一百六十二条之一 隐匿或者故意销毁依法应当保存的会计凭证、会计账簿、财务会计报告，情节严重的，处五年以下有期徒刑或者拘役，并处或者单处二万元以上二十万元以下罚金。

单位犯前款罪的，对单位判处罚金，并对其直接负责的主管人员和其他直接责任人员，依照前款的规定处罚。

深度解析

各单位应当对本单位的会计凭证、会计账簿、财务会计报告等会计资料，按照国家规定的期限、方法妥善保管，需要销毁时，应当按照规定的程序办理手续，由规定的人员进行销毁，不得违反国家规定予以隐匿或者故意销毁。如果行为人实施了上述行为，且达到情节严重的程度，那么无论其出于何种目的，均构成犯罪。

63. 转贷并获取利息差的行为是否构成高利转贷罪？

◆ 案例分析

甲公司在某银行贷款50万元，由于各种原因贷款迟延使用。在董事长洪某、总经理袁某的亲自决策下，甲公司先后多次与乙公司签订了借、贷款协议，甲公司按款项实际成交前存在的时间向乙公司收取1.2%至2.2%不等的月息，获取利息差。那么，甲公司构成高利转贷罪吗？

高利转贷罪，是指以转贷牟利为目的，套取金融机构信贷资金高利转贷他人，违法所得数额较大的行为。《刑法》第一百七十五条规定："以转贷牟利为目的，套取金融机构信贷资金高利转贷他人，违法所得数额较大的，处三年以下有期徒刑或者拘役，并处违法所得一倍以上五倍以下罚金；数额巨大的，处三年以上七年以下有期徒刑，并处违法所得一倍以上五倍以下罚金。单位犯前款罪的，对单位判处罚金，并对其直接负责的主管人员和其他直接责任人员，处三年以下有期徒刑或者拘役。"在本案中，甲公司取得银行贷款后，转贷给乙公司获取利息差，当地司法机关应根据其获利数额判断其是否构成高利转贷罪。

◆ 法律条文

《中华人民共和国刑法》

第一百七十五条　以转贷牟利为目的，套取金融机构信贷资金高利转贷他人，违法所得数额较大的，处三年以下有期徒刑或者拘役，并处违法所得一倍以上五倍以下罚金；数额巨大的，处三年以上七年以下有期徒刑，并处违法所得一倍以上五倍以下罚金。

单位犯前款罪的，对单位判处罚金，并对其直接负责的主管人员和其他直接责任人员，处三年以下有期徒刑或者拘役。

深度解析

单位构成高利转贷罪中的“单位”，不仅包括非金融系统的公司、企业或者其他单位，也包括金融系统本身办的一些企业、单位。有些银行或者其他金融机构办的单位，利用金融机构下属单位得天独厚的条件，低息从金融机构获取贷款后，以高息转贷他人，获取非法利益，严重地破坏了金融秩序，也必须给予坚决打击。

64. 非法购股，公司构成洗钱罪吗?

◆ 案例分析

某公司董事长汪某明知其朋友区某从事毒品犯罪，并知晓区某想将其违法所得转为合法收益。在汪某的主使下，区某购得该公司20%的股权，成功将其毒品交易的500万元收入进行合法化，该公司获得近100万元收益。那么，该公司构成洗钱罪吗?

《刑法》第一百九十一条规定，为掩饰、隐瞒毒品犯罪、黑社会性质的组织犯罪、恐怖活动犯罪、走私犯罪、贪污贿赂犯罪、破坏金融管理秩序犯罪、金融诈骗犯罪的所得及其产生的收益的来源和性质的为洗钱罪。在本案中，汪某作为公司董事长，为获取不法利益，明知他人从事毒品犯罪活动，掌握的大量资金系毒品犯罪所得，仍积极协助他人以购买股份的形式投资企业经营，掩饰、隐藏该项资金的性质及来源，已构成洗钱罪。

◆ 法律条文

《中华人民共和国刑法》

第一百九十一条 为掩饰、隐瞒毒品犯罪、黑社会性质的组织犯罪、恐怖活动犯罪、走私犯罪、贪污贿赂犯罪、破坏金融管理秩序犯罪、金融诈骗犯罪的所得及其产生的收益的来源和性质，有下列行为之一的，没收实施以上犯罪的所得及其产生的收益，处五年以下有期徒刑或者拘役，并处或者单处罚金；情节严重的，处五年以上十年以下有期徒刑，并处罚金：

（一）提供资金帐户的；

（二）将财产转换为现金、金融票据、有价证券的；

（三）通过转帐或者其他支付结算方式转移资金的；

（四）跨境转移资产的；

（五）以其他方法掩饰、隐瞒犯罪所得及其收益的来源和性质的。

单位犯前款罪的，对单位判处罚金，并对其直接负责的主管人员和其他直接责任人员，依照前款的规定处罚。

深度解析

洗钱罪的本质在于为非法资金披上合法外衣，消灭犯罪线索和证据，逃避法律追究和制裁，实现赃钱、黑钱的安全循环使用。构成洗钱罪必须具备以下要件：（1）行为人在主观上有犯罪故意，即有掩饰、隐瞒明知是毒品犯罪、黑社会性质的组织犯罪、恐怖活动犯罪、走私犯罪的违法所得及其产生的收益的来源和性质的目的；（2）行为人实施了掩饰、隐瞒毒品犯罪、黑社会性质的组织犯罪、恐怖活动犯罪、走私犯罪的违法所得及其产生的收益的来源和性质的行为。

65. 借条中未约定利息，就不构成非法吸收公众存款罪吗?

◆ 案例分析

某公司为了解决资金周转困难问题，四处筹措资金，总共借取资金200万元左右。后因公司经营不善，所有借款均未能如期偿还。借款均是有利息的，只不过利息在借款中已经事先扣除了。该公司称借条中未约定利息，就不构成非法吸收公众存款罪。那么在此种情况下，公司就不构成非法吸收公众存款罪吗?

非法吸收公众存款罪，是指非法吸收公众存款或者变相吸收公众存款，扰乱金融秩序的行为。本罪侵犯的是国家的金融管理秩序。是否构成本罪，一般不过分注重是否约定了利息或高息，而是从非法吸收公众存款的数额、范围以及给存款人造成的损失等方面来判定。在本案中，虽无证据证明该公司约定了利息，但其在不具备吸收存款资格前提下，擅自向社会不特定对象吸收资金达200万元，并未能如期归还，涉嫌构成非法吸收公众存款罪。

◆ 法律条文

《中华人民共和国刑法》

第一百七十六条　非法吸收公众存款或者变相吸收公众存款，扰乱金融秩序的，处三年以下有期徒刑或者拘役，并处或者单处罚金；数额巨大或者有其他严重情节的，处三年以上十年以下有期徒刑，并处罚金；数额特别巨大或者有其他特别严重情节的，处十年以上有期徒刑，并处罚金。

单位犯前款罪的，对单位判处罚金，并对其直接负责的主管人员和其他直接责任人员，依照前款的规定处罚。

有前两款行为，在提起公诉前积极退赃退赔，减少损害结果发生的，可以从轻或者减轻处罚。

深度解析

变相吸收公众存款是指行为人不以存款的名义而是通过其他形式吸收公众资金，从而达到吸收公众存款的目的的行为。如有些单位和个人，未经批准成立各种基金会吸收公众的资金，或者以投资、集资入股等名义吸收公众资金，但并不按正常投资的形式分配利润、股息，而是以一定的利息进行支付的行为。变相吸收公众存款规避国家对吸收公众存款的监督管理，其危害和犯罪的性质与非法吸收公众存款是相同的。

66. 未经授权使用他人专利的，构成假冒专利罪吗？

◆ 案例分析

某公司是一家生产儿童饮料和食品的民营企业。该公司设计生产出无须插吸管，只要用手一拧就可以饮用的旋转式吸管瓶盖，这项设计获得国家实用新型专利。由于其专利饮料瓶设计独特新颖，新产品推向市场后供不应求。甲公司是一家食品饮料公司，见到该饮料瓶设计新颖，便依照该样式仿制，用到自己生产的产品上。那么，甲公司的行为构成假冒专利罪吗？

《刑法》第二百一十六条规定的假冒专利罪是指违反国家专利法规，假冒他人专利，情节严重的行为。假冒专利具体表现形式有：以欺骗手段进行专利登记、冒取他人专利，在非专利产品或者专利上标明他人的专有标记或者专利号，仿造他人专利，侵吞他人专利，擅自实施他人专利，故意贩运仿造或者变造他人专利的产品、伪造、擅自制造他人专利标记，故意销售伪造或者擅自制造的他人专利标记，进口假冒他人专利的产品，冒充专利等行为。在本案中，甲公司依照专利样式仿制拥有专利的吸管瓶盖，并用到自己生产的产品上，非法实施他人专利，侵犯了专利权人的独占实施权，如果情节严重，则构成假冒专利罪。

◆ 法律条文

《中华人民共和国刑法》

第二百一十六条 假冒他人专利，情节严重的，处三年以下有期徒刑或者拘役，并处或者单处罚金。

深度解析

假冒专利与专利侵权的区别：假冒专利是以非专利产品或非专利技术冒充他人的专利产品或专利技术。而专利侵权，主要是指未经专利权人许可，擅自使用专利权人的专利行为。“专利权人”是指专利权的所有人、持有人，包括单位和个人，也包括在我国申请专利的国外的个人和单位。

67. 什么是串通投标罪？约定投标标底的行为构成串通投标罪吗？

◆ 案例分析

甲公司对土石方工程进行招标，工程量为40万元。招标公告出来后，乙公司和丙公司准备合伙串通投标。丁公司也要参与竞标，乙、丙公司向其支付好处费2万元，要求其参与串标。三个公司约定投标标底，乙公司低价中标后，将该工程转包给他人施工，乙、丙、丁公司三家串标者从中赚取差价20余万元。那么，乙、丙、丁三公司构成串通投标罪吗？

《刑法》第二百二十三条所规定的串通投标罪是指，投标人相互串通投标报价，损害招标人或者其他投标人利益，情节严重的行为。招标投标本是合法竞争，使符合条件的竞争者成为工程的施工者。投标人相互串通投标报价的行为，使招标人、其他投标人利益受到损害。在本案中，乙、丙、丁三公司为转包赚取差价，约定投标标底，串通投标，最后乙公司低价中标，三公司转包后获利20余万元，已经涉嫌构成《刑法》第二百二十三条所规定的串通投标罪。

◆ 法律条文

《中华人民共和国刑法》

第二百二十三条 投标人相互串通投标报价，损害招标人或者其他投标人利益，情节严重的，处三年以下有期徒刑或者拘役，并处或者单处罚金。

投标人与招标人串通投标，损害国家、集体、公民的合法利益的，依照前款的规定处罚。

第二百三十一条 单位犯本节第二百二十一条至第二百三十条规定之罪的，对单位判处罚金，并对其直接负责的主管人员和其他直接责任人员，依照本节各该条的规定处罚。

深度解析

投标人相互串通投标报价，损害招标人或者其他投标人的利益，情节严重的，构成犯罪。其中，“相互串通投标报价”是指投标人在投标过程中，包括投标前和投标过程中，串通一气，商量好抬高标价或者压低标价等行为，既包括多方相互串通，也包括多方串通；“损害招标人或者其他投标人利益”，是指由于投标人相互串通投标报价而使招标人无法达到最佳的竞标结果或者其他投标人无法在公平竞争的条件下参与投标竞争而受到损害的情况，包括已经造成损害的和造成潜在的损害两种情况。

68. 以公司的名义给人送礼的行为，也构成行贿罪吗？

◆ 案例分析

某有限责任公司与某国有配件厂有长期合作关系，公司领导为了以后能够得到更多的订单，多次以公司名义送礼。该公司总经理称绝大部分利益是公司的，给人点礼不算什么。逢年过节，公司多次送给该国有配件厂厂长现金和各种贵重物品，总计价值人民币 40 余万元。那么，该有限责任公司的送礼行为构成行贿罪吗？

《刑法》第三百九十三条规定的单位行贿罪是指公司、企业、事业单位、机关、团体为谋取不正当利益而行贿，或者违反国家规定，给予国家工作人员以回扣、手续费，情节严重的行为。“谋取不正当利益”是指谋取违反法律、法规、国家政策和国务院各部门规章规定的利益，以及要求国家工作人员或者有关单位提供违反法律、法规、国家政策和国务院各部门规章规定的帮助或者方便条件。该有限责任公司是按《公司法》的要求，依法登记设立的公司，具有独立法人地位，具有单位受贿罪的主体资格。公司总经理的行为代表公司意志，其为了以后得到更多的订单，先后向国有配件厂厂长送礼达 40 余万元。很显然该公司构成单位行贿罪，总经理作为主要负责人和直接责任人员，应该承担相应的刑事责任。

◆ 法律条文

《中华人民共和国刑法》

第三百九十三条 单位为谋取不正当利益而行贿，或者违反国家规定，给予国家工作人员以回扣、手续费，情节严重的，对单位判处罚金，并对其直接负责的主管人员和其他直接责任人员，处五年以下有期徒刑或者拘役，并处罚金。因行贿取得的违法所得归个人所有的，依照本法第三百八十九条、第三百九十条的规定定罪处罚。

深度解析

单位行贿罪的主体是单位，具体包括公司、企业、事业单位、机关、团体。在行为上主要表现为单位为谋取不正当利益而行贿，或者违反国家规定，给予国家工作人员以回扣、手续费且情节严重的行为。需要注意的是，如果单位行贿的直接负责的主管人员和其他直接责任人员将单位行贿而获得的违法所得归个人所有，即以单位名义行贿，实际上个人中饱私囊、个人得好处的，则按照个人行贿罪定罪处罚。

69. 履行部分合同后就携款逃跑，构成合同诈骗罪吗？

◆ 案例分析

甲公司与乙公司签订了一份代销空调的合同，合同约定甲公司先交4万元权益金，进货另外算钱。乙公司负责产品质量，并建立售后服务点，每销售一台空调给物流费、安装费等150元。甲公司进了5台空调，但质量都不合格，维修点也没有建立。甲公司要求退回权益金，但是乙公司已经人去楼空。那么，乙公司构成合同诈骗罪吗？

《刑法》第二百二十四条规定的合同诈骗罪是以非法占有为目的，在签订、履行合同中，骗取对方当事人财物，数额较大的行为。合同诈骗罪侵害的不仅仅是合同相对方的经济利益，还有社会的经济管理秩序。在本案中，甲、乙公司签订代销空调合同，甲公司先交了4万元权益金，但是乙公司所供货物不符合要求，最后人去楼空，是《刑法》第二百二十四条第（四）项规定的收受对方当事人给付的货物、货款、预付款或者担保财产后逃匿的情况，乙公司涉嫌合同诈骗罪。

◆ 法律条文

《中华人民共和国刑法》

第二百二十四条　有下列情形之一，以非法占有为目的，在签订、履行合同过程中，骗取对方当事人财物，数额较大的，处三年以下有期徒刑或者拘役，并处或者单处罚金；数额巨大或者有其他严重情节的，处三年以上十年以下有期徒刑，并处罚金；数额特别巨大或者有其他特别严重情节的，处十年以上有期徒刑或者无期徒刑，并处罚金或者没收财产：

（一）以虚构的单位或者冒用他人名义签订合同的；

（二）以伪造、变造、作废的票据或者其他虚假的产权证明作担保的；

（三）没有实际履行能力，以先履行小额合同或者部分履行合同的方法，诱骗对方当事人继续签订和履行合同的；

（四）收受对方当事人给付的货物、货款、预付款或者担保财产后逃匿的；

（五）以其他方法骗取对方当事人财物的。

第二百三十一条 单位犯本节第二百二十一条至第二百三十条规定之罪的，对单位判处罚金，并对其直接负责的主管人员和其他直接责任人员，依照本节各该条的规定处罚。

深度解析

构成合同诈骗罪具有以下条件：(1) 行为人在主观上具有“以非法占有为目的”。这种目的是可以从行为人的行为判断出来的，如行为人自始就根本没有履行合同的条件，也没有去创造履行合同的条件或者无意履行或者携款潜逃等。(2) 行为人在客观上实施了法律规定的诈骗行为。在实践中，诈骗行为的方式多种多样，要以实际情况具体判断。

70. 商贸公司超范围经营香烟，构成非法经营罪吗？

◆ 案例分析

某商贸公司成立之初，经营范围确立为建筑材料。后来某建筑公司经理委托该商贸公司经理，称他们建筑公司需要一批高档香烟，让其给想办法。商贸公司遂偷偷买进一批香烟，转手后，获利1万元。该公司构成非法经营罪吗？

《刑法》第二百二十五条规定的非法经营罪，是指未经许可经营专营、专卖物品或其他限制买卖的物品，买卖进出口许可证、进出口原产地证明以及其他法律、行政法规规定的经营许可证或者批准文件，以及从事其他非法经营活动，扰乱市场秩序，情节严重的行为。该罪侵犯了国家限制买卖物品和经营许可证的市场管理制度。烟草是国家指定专门单位经营的物品，是特许经营物。该商贸公司没有香烟特许经营证，超范围经营香烟，但是其获利仅1万元，不构成情节严重，对该公司可不以非法经营罪论处。

◆ 法律条文

《中华人民共和国刑法》

第二百二十五条　违反国家规定，有下列非法经营行为之一，扰乱市场秩序，情节严重的，处五年以下有期徒刑或者拘役，并处或者单处违法所得一倍以上五倍以下罚金；情节特别严重的，处五年以上有期徒刑，并处违法所得一倍以上五倍以下罚金或者没收财产：

（一）未经许可经营法律、行政法规规定的专营、专卖物品或者其他限制买卖的物品的；

（二）买卖进出口许可证、进出口原产地证明以及其他法律、行政法规规定的经营许可证或者批准文件的；

（三）未经国家有关主管部门批准非法经营证券、期货、保险业务的，或者非法从事资金支付结算业务的；

（四）其他严重扰乱市场秩序的非法经营行为。

深度解析

未经许可经营法律、行政法规规定的专营、专卖物品或者其他限制买卖的物品属于非法经营行为。其中，“法律、行政法规规定的专营、专卖物品”是指由法律、行政法规明确规定的由专门的机构经营的专营、专卖的物品，如烟草等；“其他限制买卖的物品”是指国家根据经济发展和维护国家、社会和人民群众利益的需要，规定在一定时期实行限制性经营的物品，如化肥、农药等。专营、专卖物品和限制买卖的物品的范围，不是固定不变的，随着社会主义市场经济的发展，法律、行政法规的规定，可以出现变化。

第十章
企业行政处理法律知识

- 行政处罚的减免
  - 应当对当事人依法从轻或者减轻行政处罚的情形
    - 主动消除或者减轻违法行为危害后果的
    - 受他人胁迫或者诱骗实施违法行为的
    - 配合行政机关查处违法行为有立功表现的
    - 法律、法规、规章规定其他应当从轻或者减轻行政处罚的
    - 主动供述行政机关尚未掌握的违法行为的
  - 不予行政处罚 —— 行政机关应当对当事人进行教育
    - 初次违法且危害后果轻微并及时改正的
    - 违法行为轻微并及时纠正，没有造成危害后果的
    - 当事人有证据足以证明没有主观过错的，法律、行政法规另有规定的，从其规定

- 当事人逾期不履行行政处罚决定的，作出行政处罚决定的行政机关可以采取的措施
  - 到期不缴纳罚款的，每日按罚款数额的百分之三加处罚款，加处罚款的数额不得超出罚款的数额
  - 根据法律规定，将查封、扣押的财物拍卖、依法处理或者将冻结的存款、汇款划拨抵缴罚款
  - 申请人民法院强制执行
  - 根据法律规定，采取其他行政强制执行方式

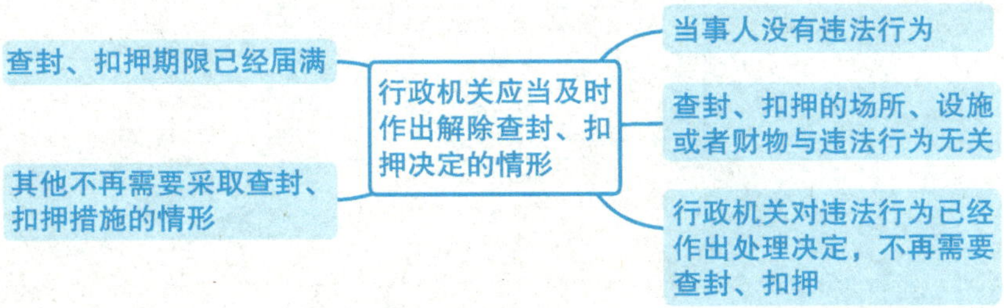
查封、扣押期限已经届满
其他不再需要采取查封、扣押措施的情形
行政机关应当及时作出解除查封、扣押决定的情形
当事人没有违法行为
查封、扣押的场所、设施或者财物与违法行为无关
行政机关对违法行为已经作出处理决定，不再需要查封、扣押

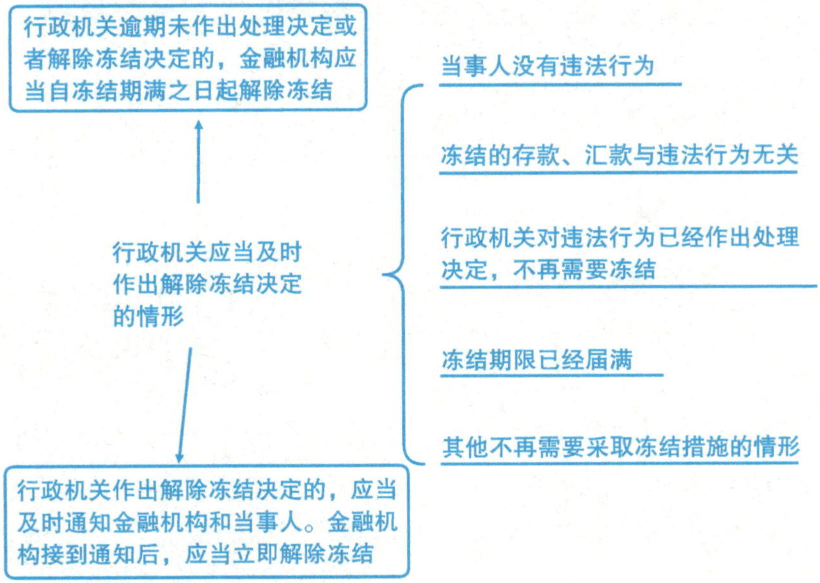
行政机关逾期未作出处理决定或者解除冻结决定的，金融机构应当自冻结期满之日起解除冻结
行政机关应当及时作出解除冻结决定的情形
行政机关作出解除冻结决定的，应当及时通知金融机构和当事人。金融机构接到通知后，应当立即解除冻结
当事人没有违法行为
冻结的存款、汇款与违法行为无关
行政机关对违法行为已经作出处理决定，不再需要冻结
冻结期限已经届满
其他不再需要采取冻结措施的情形

行政许可的期限

- 除可以当场作出行政许可决定的外，行政机关应当自受理行政许可申请之日起二十日内作出行政许可决定
  - 二十日内不能作出决定的，经本行政机关负责人批准，可以延长十日，并应当将延长期限的理由告知申请人。但是，法律、法规另有规定的，依照其规定
- 行政许可采取统一办理或者联合办理、集中办理的，办理的时间不得超过四十五日
  - 四十五日内不能办结的，经本级人民政府负责人批准，可以延长十五日，并应当将延长期限的理由告知申请人
- 依法应当先经下级行政机关审查后报上级行政机关决定的行政许可，下级行政机关应当自其受理行政许可申请之日起二十日内审查完毕。但是，法律、法规另有规定的，依照其规定
- 行政机关作出准予行政许可的决定，应当自作出决定之日起十日内向申请人颁发、送达行政许可证件，或者加贴标签、加盖检验、检测、检疫印章
- 行政机关作出行政许可决定，依法需要听证、招标、拍卖、检验、检测、检疫、鉴定和专家评审的，所需时间不计算在本节规定的期限内。行政机关应当将所需时间书面告知申请人

公民、法人或者其他组织可以申请行政复议的情形

- 认为行政机关变更或者废止农业承包合同，侵犯其合法权益的
- 认为行政机关违法集资、征收财物、摊派费用或者违法要求履行其他义务的
- 认为符合法定条件，申请行政机关颁发许可证、执照、资质证、资格证等证书，或者申请行政机关审批、登记有关事项，行政机关没有依法办理的
- 申请行政机关履行保护人身权利、财产权利、受教育权利的法定职责，行政机关没有依法履行的
- 申请行政机关依法发放抚恤金、社会保险金或者最低生活保障费，行政机关没有依法发放的
- 认为行政机关的其他具体行政行为侵犯其合法权益的
- 对行政机关作出的警告、罚款、没收违法所得、没收非法财物、责令停产停业、暂扣或者吊销许可证、暂扣或者吊销执照、行政拘留等行政处罚决定不服的
- 对行政机关作出的限制人身自由或者查封、扣押、冻结财产等行政强制措施决定不服的
- 对行政机关作出的有关许可证、执照、资质证、资格证等证书变更、中止、撤销的决定不服的
- 对行政机关作出的关于确认土地、矿藏、水流、森林、山岭、草原、荒地、滩涂、海域等自然资源的所有权或者使用权的决定不服的
- 认为行政机关侵犯合法的经营自主权的

71. 罚款和没收企业非法所得的处罚决定一起作出，违法吗？

◆ 案例分析

某面包房生意一直很好，可是有一段时间，人们吃完从此处买的面包，经常会头晕恶心，经查面包房为降低成本使用了过期面粉。执法人员经过现场调查等程序，对面包房罚款2000元，并没收违法所得3000元。面包房认为这违反了一事不再罚原则，要求执法部门只收其一。那么，罚款和没收企业非法所得的处罚决定一起作出，违法吗？

一事不再罚原则是法理学上的概念，是指对违法行为人的同一个违法行为，不得以同一事实和同一依据，给予两次以上的处罚。一事不再罚作为行政处罚的原则，目的在于防止重复处罚，体现过罚相当的法律原则，以保护行政相对人的合法权益。《行政处罚法》第二十九条规定："对当事人的同一个违法行为，不得给予两次以上罚款的行政处罚。同一个违法行为违反多个法律规范应当给予罚款处罚的，按照罚款数额高的规定处罚。"在本案中，面包房使用过期面粉做面包、给消费者带来头晕恶心等不利后果，属于违法行为。执法部门对其罚款2000元、没收违法所得3000元，并不是两个罚款行为，不违反法律规定，也没有违反一事不再罚原则。

◆ 法律条文

《中华人民共和国行政处罚法》

第二十九条 对当事人的同一个违法行为，不得给予两次以上罚款的行政处罚。同一个违法行为违反多个法律规范应当给予罚款处罚的，按照罚款数额高的规定处罚。

深度解析

行政处罚中的一事不再罚原则是指对违法行为人的同一违法行为，不得以同一事实和同一依据，给予两次以上的行政处罚。同一事实是指同一个违法行为；同一依据，是指同一个法律依据。但实践中往往同一行为违反了不同的法律规定，即产生规范竞合现象。在这种情况下，一般的处理原则是：(1) 同一行为违反两个以上法律规范时，应依据不同法律规范分别处罚；(2) 如果一个行政机关对违法行为人已经给予处罚的，其他行政机关不得再科以同类处罚；(3) 在给予其他各类的处罚时，可以考虑违法行为人已受到处罚的事实，从轻或者减轻处罚。

72. 罚款可以直接交给作出罚款决定的工作人员吗？

◆ 案例分析

某物流公司运送农药、种子的货车被交警拦下检查，查明该车超载20%。交警扣留货车司机的驾驶执照，并罚款3000元。交警开出罚单，司机为马上启程要求将3000元罚款直接交到交警手中，交警予以拒绝，并要求其到指定的场所缴纳罚款。那么，罚款可以直接交给作出罚款决定的工作人员吗？

罚款，是指有行政处罚权的行政主体依法强制违反行政法律规范的行为人在一定期限内向国家缴纳一定数额的金钱的处罚方式，是行政处罚中财产罚的一种。《行政处罚法》第六十七条规定："作出罚款决定的行政机关应当与收缴罚款的机构分离……当事人应当自收到行政处罚决定书之日起十五日内，到指定的银行或者通过电子支付系统缴纳罚款。银行应当收受罚款，并将罚款直接上缴国库。"在本案中，物流公司司机为求快速解决而要求将罚款直接交到执法交警手中，是没有法律依据的，交警拒绝其要求是符合法律规定的。

◆ 法律条文

《中华人民共和国行政处罚法》

第六十七条　作出罚款决定的行政机关应当与收缴罚款的机构

分离。

除依照本法第六十八条、第六十九条的规定当场收缴的罚款外，作出行政处罚决定的行政机关及其执法人员不得自行收缴罚款。

当事人应当自收到行政处罚决定书之日起十五日内，到指定的银行或者通过电子支付系统缴纳罚款。银行应当收受罚款，并将罚款直接上缴国库。

第六十八条 依照本法第五十一条的规定当场作出行政处罚决定，有下列情形之一，执法人员可以当场收缴罚款：

（一）依法给予一百元以下罚款的；

（二）不当场收缴事后难以执行的。

第六十九条 在边远、水上、交通不便地区，行政机关及其执法人员依照本法第五十一条、第五十七条的规定作出罚款决定后，当事人到指定的银行或者通过电子支付系统缴纳罚款确有困难，经当事人提出，行政机关及其执法人员可以当场收缴罚款。

深度解析

在边远、水上、交通不便地区，行政机关及其执法人员依法作出罚款决定后，如果当事人认为由其到指定的银行或者通过电子支付系统去缴纳罚款确有实际困难，可以提出当场缴纳罚款，经当事人要求后，行政机关及其执法人员可以当场收缴罚款。未经当事人提出当场缴纳罚款的要求，行政机关及其执法人员不得违反当事人的意愿而当场收缴。

73. 企业可以对市场监督管理部门撤销其特许经营权的行为申请复议吗？

◆ 案例分析

某公司依法取得烟草专卖特许经营权。在一次执法检查中，市场监督管理局认为该公司违法经营，撤销了该公司的烟草专卖特许经营权。那么对市场监督管理部门的此种行为，可以提起行政复议吗？

烟草专卖特许经营权是国家的专门机关依据申请的各方面条件进行的行政许可。《行政复议法》第六条规定，对行政机关作出的有关许可证、执照、资质证、资格证等证书变更、中止、撤销的决定不服的，公民、法人或者其他组织可以依照本法申请行政复议。在本案中，市场监督管理局认为该公司违法经营，撤销该公司的烟草专卖特许经营权，该公司可以依法对市场监督管理局的行为提起行政复议申请，申请可向市场监督管理局的上一级机关或市场监督管理局所在地的政府提起。

◆ 法律条文

《中华人民共和国行政复议法》

第六条　有下列情形之一的，公民、法人或者其他组织可以依照本法申请行政复议：

……

（三）对行政机关作出的有关许可证、执照、资质证、资格证等证书变更、中止、撤销的决定不服的；

……

深度解析

许可证和执照的适用范围非常广泛，涉及社会生活各个方面。不管是许可证还是执照，都是公民、法人或者其他组织能够从事某种活动所必需的，没有这些证书，公民或组织就不能从事相应的活动。因此，法律对取得这些证书的公民、法人或者其他组织的保护也应当是相同的。除法律、法规明确规定的情形外，行政机关不得违法变更、中止、撤销公民、法人或者组织的许可证、执照。对行政机关作出的有关资质、资格等证书变更、中止、撤销的决定不服的，可以申请复议。

74. 对于行政机关不按规定发放许可证的行为，可以申请复议吗？

◆ 案例分析

某市属于旅游风景区，市政府鼓励市民开设家庭旅社。张某于是开设了家庭旅社。他已申办好了工商经营登记和税务登记，遂向公安机关申办治安许可证。但公安机关拒绝给张某颁发治安许可证。张某对此不服，要求复议。张某对公安机关的该行为可以申请行政复议吗？

《行政复议法》第六条规定，认为符合法定条件，申请行政机关颁发许可证、执照、资质证、资格证等证书，或者申请行政机关审批、登记有关事项，行政机关没有依法办理的，公民、法人或者其他组织可以依照本法申请行政复议。在本案中，张某可以就公安机关的行为申请复议。上级公安机关也应当受理张某的行政复议，对拒绝给张某颁发治安许可证的行为进行审查，检查该家庭旅社是否已达到治安标准。上级公安机关须在30日内处理，作出行政复议决定：如检查该家庭旅社未达到治安标准，则决定维持原公安机关的决定；如该家庭旅社达到治安标准，则责令原公安机关在一定期限内重新作出是否颁发治安许可证的行为。

◆ 法律条文

《中华人民共和国行政复议法》

第六条 有下列情形之一的，公民、法人或者其他组织可以依照本法申请行政复议：

……

（八）认为符合法定条件，申请行政机关颁发许可证、执照、资质证、资格证等证书，或者申请行政机关审批、登记有关事项，行政机关没有依法办理的；

……

深度解析

在我国，法律、法规和规章中规定了大量的行政许可，许可的形式包括颁发许可证、执照等证书形式，还包括审批、注册等非证书形式。无论是证书形式还是非证书形式，非经许可，公民、法人或者其他组织都不能从事相应的活动，因此，依法取得许可是公民、法人或者其他组织的权利。如果符合条件，申请行政机关颁发许可证、执照等证书，或者申请行政机关审批、登记有关事项，行政机关没有依法办理的，公民、法人或者其他组织可以申请复议。

75. 对联合执法行为不服的，到哪里去申请行政复议？

◆ 案例分析

某市为加强市场管理，市卫健委和市场监督管理局联合执法，某超市在这次执法中被罚款 3000 元，超市经理对此不服，想提起行政复议。那么，复议机关是市政府吗？

为了社会治安管理、安全卫生管理，地方各级政府常常组织各类联合执法行动，综合各行政单位，对一些不当行为进行综合处理，不仅提高了执法力度、办事效率，也促进了社会的进步。《行政复议法》第十五条规定，对两个或者两个以上行政机关以共同的名义作出的具体行政行为不服的，向其共同上一级行政机关申请行政复议。该超市对市卫健委和市场监督管理局联合执法行为作出的处罚决定不服，可以向市卫健委和市场监督管理局的共同上一级行政机关即市政府提起行政复议。

◆ 法律条文

《中华人民共和国行政复议法》

第十五条　对本法第十二条、第十三条、第十四条规定以外的其他行政机关、组织的具体行政行为不服的，按照下列规定申请行政复议：

……

（四）对两个或者两个以上行政机关以共同的名义作出的具体行政行为不服的，向其共同上一级行政机关申请行政复议；

……

深度解析

共同的行政行为是指两个或者两个以上的行政机关以共同的名义作出的具体行政行为。在共同的行政行为中，作出这个具体行政行为的主体不是一个机关，而是两个或者两个以上的机关。看这个具体行政行为是一个机关作出的还是两个或者两个以上机关作出的，不能只看表面形式，而要看最后的具体行政行为是以谁的名义作出的。有些联合检查，各部门虽然一起调查讨论，但作出决定是以某个单位的名义，对这样的决定不服，行政管理相对人不能将几个机关都视为行政复议对象，只能对具体作出行政决定的机关提起行政复议。

76. 在行政复议期间，可以停止具体行政行为吗?

◆ 案例分析

某食品加工厂被卫生防疫机关查出经营不符合卫生标准的食品，卫生防疫机关依法作出没收不符合卫生标准的食品的处理决定。该加工厂不服，提出了行政复议申请，并要求停止执行有关的处理决定。那么在行政复议期间，可以停止具体行政行为吗?

《行政复议法》第二十一条规定，行政复议期间具体行政行为不停止执行。但是有下列情形之一的，可以停止执行：(1) 被申请人认为需要停止执行的；(2) 行政复议机关认为需要停止执行的；(3) 申请人申请停止执行，行政复议机关认为其要求合理，决定停止执行的；(4) 法律规定停止执行的。在本案中，该加工厂生产不符合卫生标准的食品，如果申请复议期间停止执行处罚，可能不符合卫生标准的食品会继续出售，继续危害社会，这是不合理的，也是不合法的，因此该加工厂不能停止执行有关的处理决定。

◆ 法律条文

《中华人民共和国行政复议法》

第二十一条　行政复议期间具体行政行为不停止执行；但是，有下列情形之一的，可以停止执行：

(一) 被申请人认为需要停止执行的；

（二）行政复议机关认为需要停止执行的；

（三）申请人申请停止执行，行政复议机关认为其要求合理，决定停止执行的；

（四）法律规定停止执行的。

深度解析

提出行政复议申请不停止具体行政行为的执行，是基于行政机关依其职权所作出的具体行政行为，是代表国家作出的。行政复议开始后，行政机关为实现行政目的，是否执行具体行政行为属于行政机关的权限范围和职责范围。其强制力和执行力表现为，在违法或不当的具体行政行为被撤销或变更以前，并不因管理相对人申请行政复议而影响其执行。因此，管理相对人在申请行政复议的同时，还要继续执行行政机关所作出的具体行政行为。只有基于国家机关的决定，或者基于国家意志的明确表示才能停止执行。

第十一章
企业诉讼仲裁法律知识

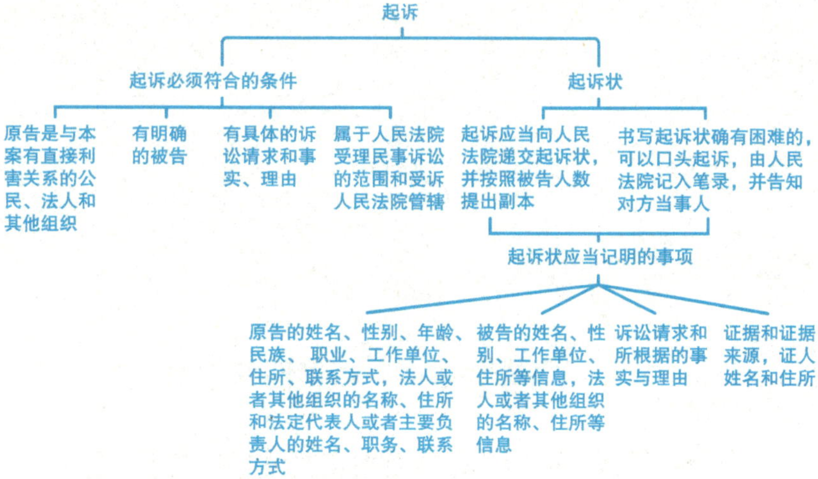
起诉
起诉必须符合的条件
原告是与本案有直接利害关系的公民、法人和其他组织
有明确的被告
有具体的诉讼请求和事实、理由
属于人民法院受理民事诉讼的范围和受诉人民法院管辖
起诉状
起诉应当向人民法院递交起诉状，并按照被告人数提出副本
书写起诉状确有困难的，可以口头起诉，由人民法院记入笔录，并告知对方当事人
起诉状应当记明的事项
原告的姓名、性别、年龄、民族、职业、工作单位、住所、联系方式，法人或者其他组织的名称、住所和法定代表人或者主要负责人的姓名、职务、联系方式
被告的姓名、性别、工作单位、住所等信息，法人或者其他组织的名称、住所等信息
诉讼请求和所根据的事实与理由
证据和证据来源，证人姓名和住所

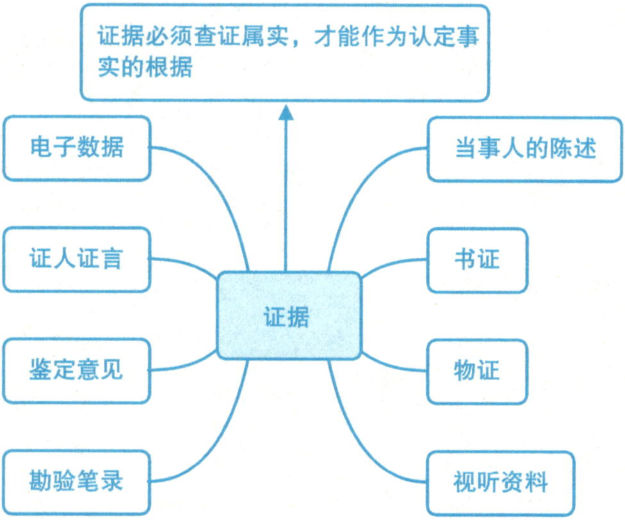
证据必须查证属实，才能作为认定事实的根据
证据
电子数据
证人证言
鉴定意见
勘验笔录
当事人的陈述
书证
物证
视听资料

- 审判人员回避的情形
  - 是本案当事人或者当事人、诉讼代理人近亲属的
  - 与本案有利害关系的
  - 与本案当事人、诉讼代理人有其他关系，可能影响对案件公正审理的
  - 审判人员接受当事人、诉讼代理人请客送礼，或者违反规定会见当事人、诉讼代理人的
  - 同样适用于书记员、翻译人员、鉴定人、勘验人

- 先予执行
  - 可以裁定先予执行的案件
    - 追索赡养费、扶养费、抚育费、抚恤金、医疗费用的
    - 追索劳动报酬的
    - 因情况紧急需要先予执行的
  - 人民法院裁定先予执行的，应当符合的条件
    - 当事人之间权利义务关系明确，不先予执行将严重影响申请人的生活或者生产经营的
    - 被申请人有履行能力
    - 人民法院可以责令申请人提供担保，申请人不提供担保的，驳回申请。申请人败诉的，应当赔偿被申请人因先予执行遭受的财产损失

- 仲裁协议
  - 包括合同中订立的仲裁条款和以其他书面方式在纠纷发生前或者纠纷发生后达成的请求仲裁的协议
    - 具有的内容
      - 请求仲裁的意思表示
      - 仲裁事项
      - 选定的仲裁委员会
    - 仲裁协议无效的情形
      - 仲裁协议对仲裁事项或者仲裁委员会没有约定或者约定不明确的，当事人可以补充协议；达不成补充协议的，仲裁协议无效
        - 仲裁协议独立存在，合同的变更、解除、终止或者无效，不影响仲裁协议的效力
      - 约定的仲裁事项超出法律规定的仲裁范围的
      - 无民事行为能力人或者限制民事行为能力人订立的仲裁协议
      - 一方采取胁迫手段，迫使对方订立仲裁协议的

- 申请仲裁
  - 当事人申请仲裁应当符合的条件
    - 有仲裁协议
    - 有具体的仲裁请求和事实、理由
    - 属于仲裁委员会的受理范围
  - 当事人申请仲裁，应当向仲裁委员会递交的材料
    - 仲裁协议
    - 仲裁申请书及副本
  - 仲裁申请书应当载明的事项
    - 当事人的姓名、性别、年龄、职业、工作单位和住所，法人或者其他组织的名称、住所和法定代表人或者主要负责人的姓名、职务
    - 仲裁请求和所根据的事实、理由
    - 证据和证据来源、证人姓名和住所

撤销仲裁裁决

- 当事人提出证据证明裁决有下列情形之一的，可以向仲裁委员会所在地的中级人民法院申请撤销裁决
  - 没有仲裁协议的
  - 裁决的事项不属于仲裁协议的范围或者仲裁委员会无权仲裁的
  - 仲裁庭的组成或者仲裁的程序违反法定程序的
  - 裁决所根据的证据是伪造的
  - 对方当事人隐瞒了足以影响公正裁决的证据的
  - 仲裁员在仲裁该案时有索贿受贿，徇私舞弊，枉法裁决行为的
- 人民法院经组成合议庭审查核实裁决有以上规定情形之一的，应当裁定撤销
- 人民法院认定该裁决违背社会公共利益的，应当裁定撤销

- 仲裁裁决的执行
  - 对依法设立的仲裁机构的裁决，一方当事人不履行的，对方当事人可以向有管辖权的人民法院申请执行。受申请的人民法院应当执行
  - 被申请人提出证据证明仲裁裁决有下列情形之一的，经人民法院组成合议庭审查核实，裁定不予执行
    - 当事人在合同中没有订有仲裁条款或者事后没有达成书面仲裁协议的
    - 裁决的事项不属于仲裁协议的范围或者仲裁机构无权仲裁的
    - 仲裁庭的组成或者仲裁的程序违反法定程序的
    - 裁决所根据的证据是伪造的
    - 对方当事人向仲裁机构隐瞒了足以影响公正裁决的证据的
    - 仲裁员在仲裁该案时有贪污受贿、徇私舞弊、枉法裁决行为的
      - 仲裁裁决被人民法院裁定不予执行的，当事人可以根据双方达成的书面仲裁协议重新申请仲裁，也可以向人民法院起诉
  - 人民法院认定执行该裁决违背社会公共利益的，裁定不予执行

77. 两个以上法院有管辖权的，应向哪一个法院起诉?

◆ 案例分析

甲县某公司从甲县运送5吨化工原料到乙县，途经甲、乙、丙三县交界时，化工原料外溢，污染了甲、乙、丙三县的稻田，造成禾苗枯死。受害村民要求赔偿，向人民法院提起诉讼。该案涉及甲、乙、丙三县，那么哪一个县人民法院有管辖权?

该公司途经甲、乙、丙三县交界时，化工原料发生外溢，污染了甲、乙、丙三县的稻田，造成禾苗枯死，属于侵权行为。《民事诉讼法》第二十八条规定："因侵权行为提起的诉讼，由侵权行为地或者被告住所地人民法院管辖。"就此案来看，甲县、乙县、丙县的人民法院均有管辖权。针对两个以上人民法院都有管辖权的诉讼，《民事诉讼法》第三十五条规定："两个以上人民法院都有管辖权的诉讼，原告可以向其中一个人民法院起诉；原告向两个以上有管辖权的人民法院起诉的，由最先立案的人民法院管辖。"因此，受害农民可以向甲、乙、丙三县的人民法院起诉，由最先立案的人民法院管辖。

◆ 法律条文

《中华人民共和国民事诉讼法》

第二十八条　因侵权行为提起的诉讼，由侵权行为地或者被告住所地人民法院管辖。

第三十五条 两个以上人民法院都有管辖权的诉讼，原告可以向其中一个人民法院起诉；原告向两个以上有管辖权的人民法院起诉的，由最先立案的人民法院管辖。

深度解析

两个以上的人民法院对同一案件都有管辖权的，为共同管辖。当某一诉讼的几个被告住所地或经常居住地在两个或两个以上人民法院辖区内时、同一案件的标的物分散在两个或两个以上人民法院辖区、侵权行为地跨越两个或两个以上人民法院辖区内的等，都会导致共同管辖。

78. 涉及重要商业秘密的案件，企业可以申请不公开审理和宣判吗？

◆ 案例分析

某商贸公司因合同没有及时履行被一电器生产厂告到法院。合同中涉及商贸公司如何开展业务，商贸公司认为这是公司的商业秘密，申请人民法院不公开审理，同时要求对其审判结果也不要公开宣布。人民法院可以对该案件不公开审理和不公开宣判吗？

《民事诉讼法》第一百三十四条规定："人民法院审理民事案件，除涉及国家秘密、个人隐私或者法律另有规定的以外，应当公开进行。离婚案件，涉及商业秘密的案件，当事人申请不公开审理的，可以不公开审理。"这说明，国家秘密、个人隐私或者法律另有规定的民事案件，是"应当"不公开审理的；离婚案件，涉及商业秘密的案件，是"可以"不公开审理的案件。本案涉及商业秘密，经被告公司申请可以不公开审理。但是，对于案件的宣判，《民事诉讼法》第一百四十八条第一款规定："人民法院对公开审理或者不公开审理的案件，一律公开宣告判决。"说明不论审判是否公开，宣判一定是公开的。该商贸公司可以要求审判不公开，以保护其商业秘密，但宣判必须依法公开。

◆ 法律条文

《中华人民共和国民事诉讼法》

第一百三十四条 人民法院审理民事案件，除涉及国家秘密、个人隐私或者法律另有规定的以外，应当公开进行。

离婚案件，涉及商业秘密的案件，当事人申请不公开审理的，可以不公开审理。

第一百四十八条第一款 人民法院对公开审理或者不公开审理的案件，一律公开宣告判决。

深度解析

我国的司法实践中，案件的审理一般都是公开进行的，审判过程的透明化，方便了人民群众对案件审理过程的监督，避免了出现违法乱纪的行为，从而使程序更加严谨公正。但是，有些案件一旦公开审理，对当事人或是相关人士影响甚深，不公开审理，效果反而更好。

79. 双方达成执行和解协议后不履行的，还能要求执行判决吗？

◆ 案例分析

甲公司欠乙公司4万元货款一直未还，乙公司向法院提起了诉讼，一审法院判决甲公司归还乙公司货款和利息。一审法院判决生效后，两公司达成和解协议，约定甲公司分期归还货款。可是甲公司在按期归还第一笔货款后，便不再按协议履行还款义务。乙公司还能向法院申请执行一审判决吗？

在执行中，双方当事人可以自愿达成和解协议，双方对生效法律文书确定的履行义务主体、标的物及其数额、履行期限和履行方式等都可以进行相应的变更。《民事诉讼法》第二百三十条规定："在执行中，双方当事人自行和解达成协议的，执行员应当将协议内容记入笔录，由双方当事人签名或者盖章。申请执行人因受欺诈、胁迫与被执行人达成和解协议，或者当事人不履行和解协议的，人民法院可以根据当事人的申请，恢复对原生效法律文书的执行。"在本案中，甲、乙两公司达成和解协议，但是甲公司没有按协议履行，乙公司可以依法提起对原有效判决的执行，即申请法院恢复执行原判决，但和解协议已履行的部分应当扣除，即甲公司已经交付的第一笔货款应当扣除。

◆ 法律条文

《中华人民共和国民事诉讼法》

第二百三十条 在执行中，双方当事人自行和解达成协议的，执行员应当将协议内容记入笔录，由双方当事人签名或者盖章。

申请执行人因受欺诈、胁迫与被执行人达成和解协议，或者当事人不履行和解协议的，人民法院可以根据当事人的申请，恢复对原生效法律文书的执行。

深度解析

执行和解协议，是在执行过程中，申请执行人和被执行人针对执行标的，经过自愿协商达成的结束执行程序的处理协议。达成执行和解协议后，一方当事人不履行和解协议的，可申请恢复执行原法律文书。

80. 不服仲裁决定的，还可以再仲裁或起诉吗？

◆ 案例分析

甲、乙两公司的经济纠纷经某仲裁委员会仲裁解决后，甲公司认为仲裁裁决失之偏颇，于是申请该仲裁委员会再次仲裁，被该仲裁委员会拒绝，其称甲公司就同一事实、同一理由起诉到法院，法院不会再受理。那么甲公司如果向法院起诉，法院会受理吗？换句话说，不服仲裁决定的，还可以再起诉吗？

《仲裁法》第九条第一款规定：“仲裁实行一裁终局的制度。裁决作出后，当事人就同一纠纷再申请仲裁或者向人民法院起诉的，仲裁委员会或者人民法院不予受理。”我国仲裁实行一裁终局的制度，仲裁裁决一经仲裁庭作出即发生法律效力。这使得当事人之间的纠纷能够迅速得以解决。在本案中，甲、乙公司的经济纠纷已经某仲裁委员会仲裁解决，双方都应当接受，依法不能再提起仲裁或诉讼。仲裁委员会称即使甲公司再就同一事实、同一理由向人民法院起诉，人民法院也将不予受理是正确的。

◆ 法律条文

《中华人民共和国仲裁法》

第九条　仲裁实行一裁终局的制度。裁决作出后，当事人就同一纠纷再申请仲裁或者向人民法院起诉的，仲裁委员会或者人民法院不予受理。

裁决被人民法院依法裁定撤销或者不予执行的，当事人就该纠纷可以根据双方重新达成的仲裁协议申请仲裁，也可以向人民法院起诉。

深度解析

仲裁作为一种解决财产权益纠纷的民间性裁判制度，既不同于解决同类争议的司法、行政途径，也不同于人民调解委员会的调解和当事人的自行和解。

81. 纠纷产生后达成的仲裁协议有效吗?

◆ 案例分析

甲、乙两公司在履行合同过程中发生纠纷，但双方协商后均认为诉至法院诉讼费过高，且诉讼时间成本高，不利于纠纷的解决。于是甲、乙公司签订仲裁协议，约定由甲公司所在地的仲裁委员会仲裁。那么，纠纷产生后达成的仲裁协议有效吗？

仲裁协议是指双方当事人自愿将他们之间已经发生或者可能发生的争议提交仲裁解决的协议。《仲裁法》第十六条第一款规定："仲裁协议包括合同中订立的仲裁条款和以其他书面方式在纠纷发生前或者纠纷发生后达成的请求仲裁的协议。"说明当事人约定提交仲裁的争议可以是已经发生的，也可以是将来可能发生的，在仲裁协议中需要约定的只是有关仲裁的内容。本案中，甲、乙两公司针对已经发生的纠纷签订仲裁协议，约定有确定的仲裁委员会，可以认定为是有效的仲裁协议。

◆ 法律条文

《中华人民共和国仲裁法》

第十六条第一款　仲裁协议包括合同中订立的仲裁条款和以其他书面方式在纠纷发生前或者纠纷发生后达成的请求仲裁的协议。

深度解析

仲裁协议是双方当事人共同的意思表示，建立在双方当事人自愿、平等和协商一致的基础上，是他们同意将争议提交仲裁的一种书面形式。仲裁协议（包括仲裁条款）是独立存在的，合同的变更、解除、终止或无效，不影响仲裁协议的效力。

82. 申请执行的条件、期限是什么？

◆ 案例分析

在甲公司与乙公司的合同款纠纷一案中，一审法院判决乙公司履行付款义务，乙公司没有上诉，上诉期满后，判决书生效了。可法院判决书中规定的15天履行期满后，乙公司就是不付款，甲公司应该怎么办？

甲公司可以申请法院强制执行。强制执行是指人民法院的判决、裁定、调解书或者其他法律文书生效以后，其中所确定的应该承担义务的一方当事人由于各种原因，可能会拒绝履行自己的义务，那么权利人就可以向法院申请强制执行。向法院申请强制执行的法律文书必须是已经生效的判决书、裁定书、刑事判决、裁定中的财产部分或其他法律文书，如仲裁裁决书、公证文书等。根据《民事诉讼法》第二百二十四条的规定可知，申请强制执行法院判决、裁定的应该向第一审人民法院或与第一审人民法院同级的被执行的财产所在地法院提出，申请强制执行其他法律文书的应该向被执行人住所地或被执行的财产所在地法院提出。申请强制执行的期间为两年。

◆ 法律条文

《中华人民共和国民事诉讼法》

第二百二十四条　发生法律效力的民事判决、裁定，以及刑事判决、裁定中的财产部分，由第一审人民法院或者与第一审人民法院同级的被执行的财产所在地人民法院执行。

法律规定由人民法院执行的其他法律文书，由被执行人住所地或者被执行的财产所在地人民法院执行。

第二百三十三条 执行完毕后，据以执行的判决、裁定和其他法律文书确有错误，被人民法院撤销的，对已被执行的财产，人民法院应当作出裁定，责令取得财产的人返还；拒不返还的，强制执行。

第二百五十二条 对判决、裁定和其他法律文书指定的行为，被执行人未按执行通知履行的，人民法院可以强制执行或者委托有关单位或者其他人完成，费用由被执行人承担。

深度解析

《民事诉讼法》第二百二十四条是关于当事人申请强制执行的管辖法院的规定。如果诉讼中依法应当承担义务的一方当事人拒不履行已经生效的裁判文书，则另一方当事人可以依法向法院提出强制执行的申请，但当事人必须向有管辖权的法院提出申请。我国法律规定对于已经生效的民事判决、裁定，以及刑事判决、裁定中的财产部分，由一审法院或者与一审法院同级的被执行的财产所在地法院执行；而对于法律规定由法院执行的其他法律文书，由被执行人住所地或者被执行的财产所在地法院执行。

第十二章
企业破产清算法律知识

- 公司解散的原因
  - 公司章程规定的营业期限届满或者公司章程规定的其他解散事由出现
    - 可以通过修改公司章程而存续
      - 有限责任公司须经持有三分之二以上表决权的股东通过
      - 股份有限公司须经出席股东大会会议的股东所持表决权的三分之二以上通过
    - 应当在解散事由出现之日起十五日内成立清算组，开始清算
      - 有限责任公司的清算组由股东组成
      - 股份有限公司的清算组由董事或者股东大会确定的人员组成
      - 逾期不成立清算组进行清算的，债权人可以申请人民法院指定有关人员组成清算组进行清算。人民法院应当受理该申请，并及时组织清算组进行清算
  - 股东会或者股东大会决议解散
    - 应当在解散事由出现之日起十五日内成立清算组，开始清算
      - 有限责任公司的清算组由股东组成
      - 股份有限公司的清算组由董事或者股东大会确定的人员组成
      - 逾期不成立清算组进行清算的，债权人可以申请人民法院指定有关人员组成清算组进行清算。人民法院应当受理该申请，并及时组织清算组进行清算
  - 因公司合并或者分立需要解散
  - 依法被吊销营业执照、责令关闭或者被撤销
    - 应当在解散事由出现之日起十五日内成立清算组，开始清算
      - 有限责任公司的清算组由股东组成
      - 股份有限公司的清算组由董事或者股东大会确定的人员组成
      - 逾期不成立清算组进行清算的，债权人可以申请人民法院指定有关人员组成清算组进行清算。人民法院应当受理该申请，并及时组织清算组进行清算
  - 因公司经营管理发生严重困难，继续存续会使股东利益受到重大损失，通过其他途径不能解决的，持有公司全部股东表决权百分之十以上的股东，请求人民法院解散公司
    - 应当在解散事由出现之日起十五日内成立清算组，开始清算
      - 有限责任公司的清算组由股东组成
      - 股份有限公司的清算组由董事或者股东大会确定的人员组成
      - 逾期不成立清算组进行清算的，债权人可以申请人民法院指定有关人员组成清算组进行清算。人民法院应当受理该申请，并及时组织清算组进行清算

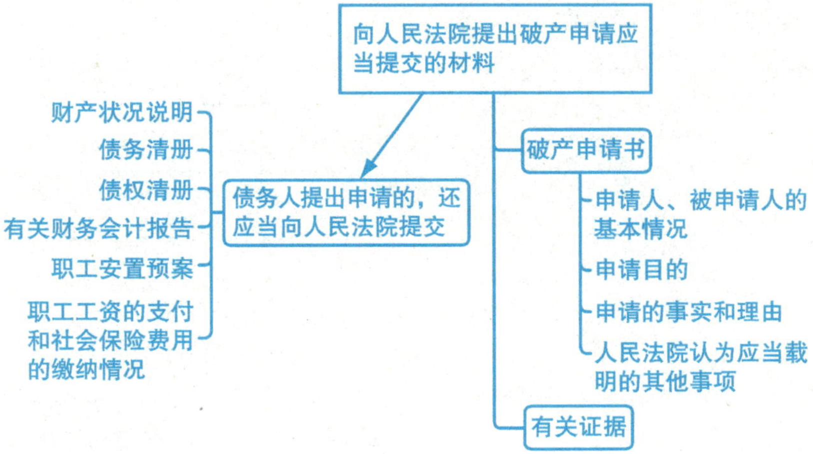
向人民法院提出破产申请应当提交的材料
债务人提出申请的，还应当向人民法院提交
财产状况说明
债务清册
债权清册
有关财务会计报告
职工安置预案
职工工资的支付和社会保险费用的缴纳情况
破产申请书
申请人、被申请人的基本情况
申请目的
申请的事实和理由
人民法院认为应当载明的其他事项
有关证据

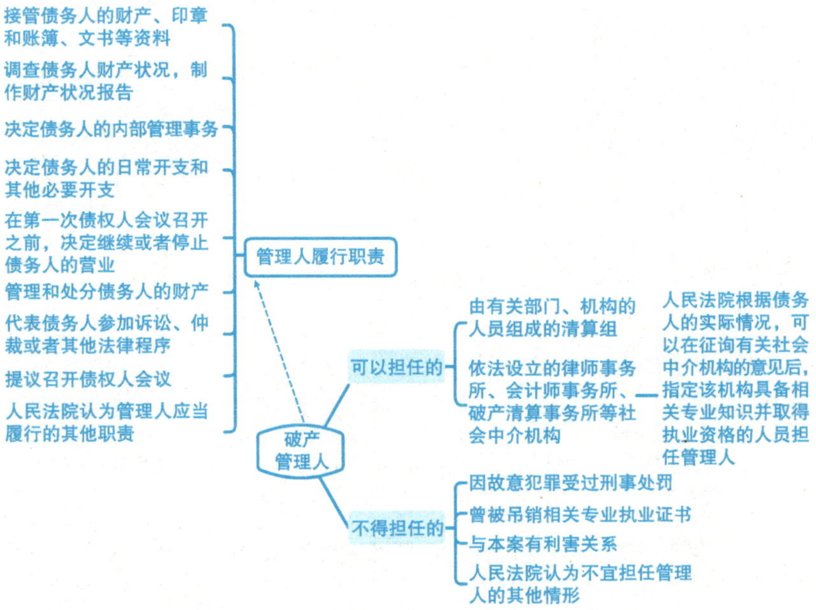
破产管理人
管理人履行职责
接管债务人的财产、印章和账簿、文书等资料
调查债务人财产状况，制作财产状况报告
决定债务人的内部管理事务
决定债务人的日常开支和其他必要开支
在第一次债权人会议召开之前，决定继续或者停止债务人的营业
管理和处分债务人的财产
代表债务人参加诉讼、仲裁或者其他法律程序
提议召开债权人会议
人民法院认为管理人应当履行的其他职责
可以担任的
由有关部门、机构的人员组成的清算组
依法设立的律师事务所、会计师事务所、破产清算事务所等社会中介机构
人民法院根据债务人的实际情况，可以在征询有关社会中介机构的意见后，指定该机构具备相关专业知识并取得执业资格的人员担任管理人
不得担任的
因故意犯罪受过刑事处罚
曾被吊销相关专业执业证书
与本案有利害关系
人民法院认为不宜担任管理人的其他情形

清算组在清算期间行使的职权
清缴所欠税款以及清算过程中产生的税款
清理债权、债务
处理公司清偿债务后的剩余财产
代表公司参与民事诉讼活动
清理公司财产，分别编制资产负债表和财产清单
通知、公告债权人
处理与清算有关的公司未了结的业务

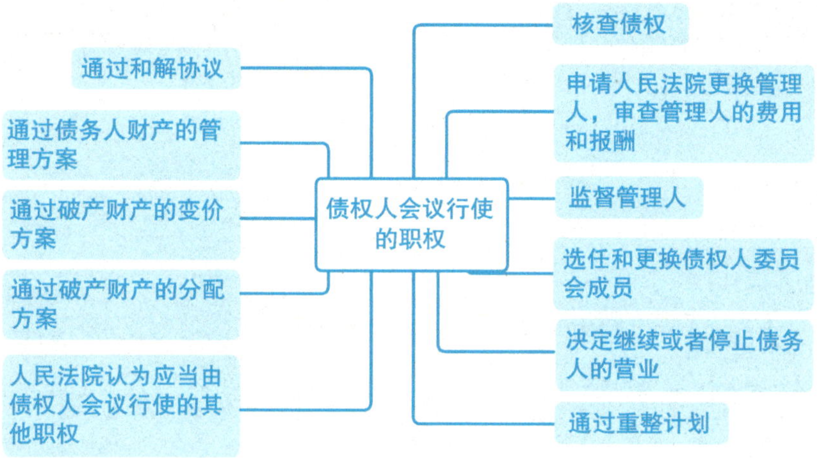
债权人会议行使的职权
通过和解协议
通过债务人财产的管理方案
通过破产财产的变价方案
通过破产财产的分配方案
人民法院认为应当由债权人会议行使的其他职权
核查债权
申请人民法院更换管理人，审查管理人的费用和报酬
监督管理人
选任和更换债权人委员会成员
决定继续或者停止债务人的营业
通过重整计划

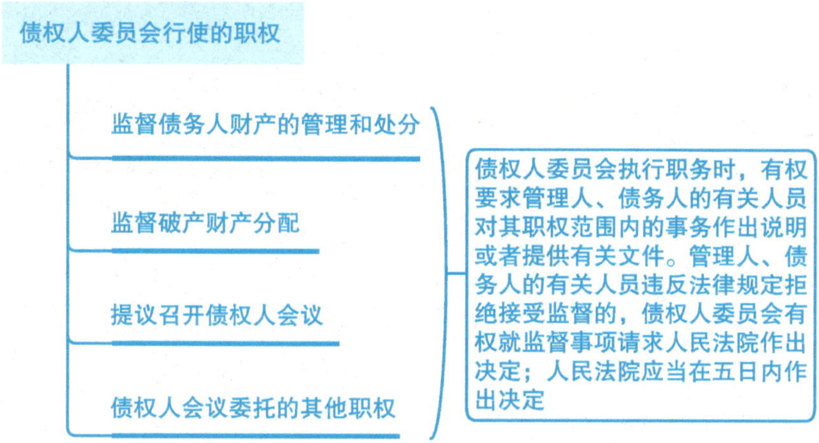
债权人委员会行使的职权
监督债务人财产的管理和处分
监督破产财产分配
提议召开债权人会议
债权人会议委托的其他职权
债权人委员会执行职务时，有权要求管理人、债务人的有关人员对其职权范围内的事务作出说明或者提供有关文件。管理人、债务人的有关人员违反法律规定拒绝接受监督的，债权人委员会有权就监督事项请求人民法院作出决定；人民法院应当在五日内作出决定

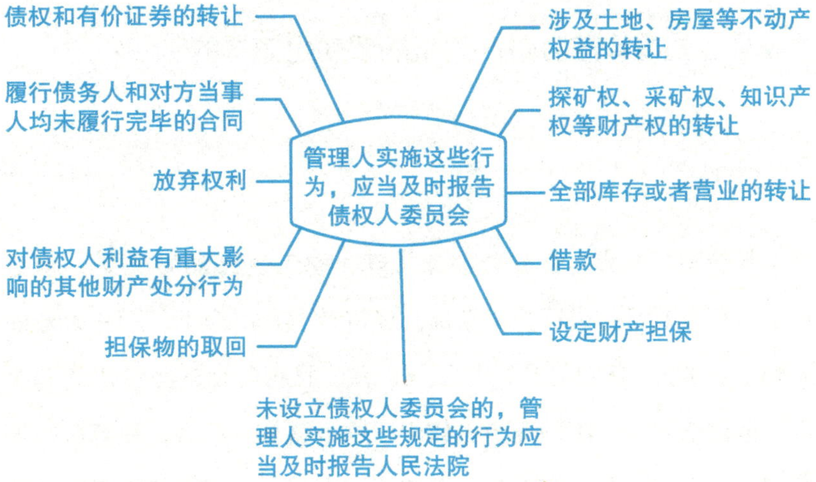

管理人实施这些行为，应当及时报告债权人委员会
债权和有价证券的转让
履行债务人和对方当事人均未履行完毕的合同
放弃权利
对债权人利益有重大影响的其他财产处分行为
担保物的取回
涉及土地、房屋等不动产权益的转让
探矿权、采矿权、知识产权等财产权的转让
全部库存或者营业的转让
借款
设定财产担保
未设立债权人委员会的，管理人实施这些规定的行为应当及时报告人民法院

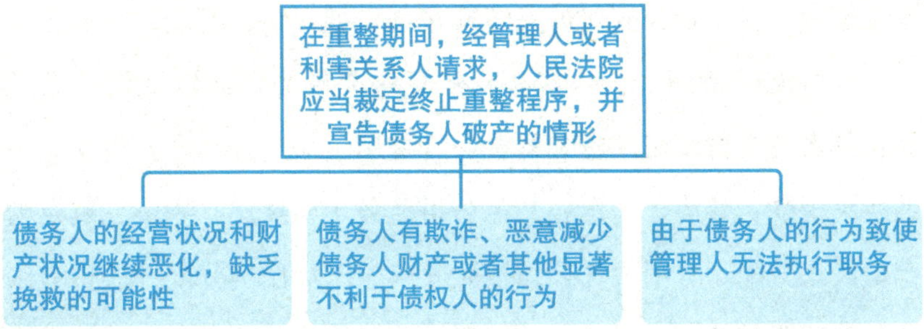

在重整期间，经管理人或者利害关系人请求，人民法院应当裁定终止重整程序，并宣告债务人破产的情形
债务人的经营状况和财产状况继续恶化，缺乏挽救的可能性
债务人有欺诈、恶意减少债务人财产或者其他显著不利于债权人的行为
由于债务人的行为致使管理人无法执行职务

83. 公司解散时财产清偿的顺序是怎样的?

◆ 案例分析

某纺织厂在成立之初效益非常好，职工达到2000多人。但是由于后期没有及时进行技术革新，经济效益每况愈下，职工人数缩减到500多人。到2020年2月，纺织厂的几名股东经过协商后决定解散该纺织厂，随即开始对纺织厂进行清算。那么，在解散时该纺织厂对于500多名职工的工资该不该支付？公司在解散时财产清偿的顺序是怎样的？

根据《公司法》第一百八十六条的规定，在公司清算期间的债务清偿中，应该首先支付的是清算费用，如评估、变卖、分配公司财产等所需的费用，公告费用，清算组成员的报酬以及诉讼费用等；其次是支付职工工资和社会保险费用及法定补偿金；再次是缴纳所欠税款；最后才是偿还其他公司债务。如果还有剩余，剩余财产由股东分配。有限责任公司按照股东的出资比例分配，股份有限公司按照股东持有的股份比例分配。职工的工资关系到职工的切身利益，在优先拨付清算费用后，法律规定优先清偿职工工资及社保金等债务。案例中破产财产在偿付清算费用后仍有剩余的，500多名职工的工资就能够得到全部或一定比例的清偿。

◆ 法律条文

《中华人民共和国公司法》

第一百八十六条　清算组在清理公司财产、编制资产负债表和财产清单后，应当制定清算方案，并报股东会、股东大会或者人民法院确认。

公司财产在分别支付清算费用、职工的工资、社会保险费用和法定补偿金，缴纳所欠税款，清偿公司债务后的剩余财产，有限责任公司按照股东的出资比例分配，股份有限公司按照股东持有的股份比例分配。

清算期间，公司存续，但不得开展与清算无关的经营活动。公司财产在未依照前款规定清偿前，不得分配给股东。

深度解析

公司解散后，法定的财产清偿顺序分别为清算费用、职工工资等、所欠税款以及公司债务，假使仍有剩余部分，则按照比例分配给公司股东。之所以作这样的顺序安排，是因为清算组所做的清算活动是一种有偿活动，必须支付相应的费用。而其后的顺序则是为了更充分地保护处于弱势地位的职工的切身利益，以及维护国家利益，最后才是清偿债权人的合法债权。

84. 清算组发现公司财产不足清偿债务的该怎么办？

◆ 案例分析

2016年6月，张某与好友赵某共同投资设立了鲜美食品有限责任公司，每人出资40万元，注册资金为80万元。公司成立初期，由于产品质量一般，经济效益不好。2017年2月，为了提高产品质量，扩大销路，公司向某银行贷款100万元，引进新设备，约定在2019年12月还清贷款。2018年8月，公司在购置一批食用油时，由于采购人员疏忽，未能发现该批食用油质量有问题，导致公司陷入了经济窘境。2019年3月，该公司的经济状况仍未好转，甚至越来越差。于是，张某和赵某协商决定解散该公司，随即开始对公司进行清算，清算的结果是资产折价后为70万元，不足以偿还银行贷款及利息。此时，清算组发现公司财产不足清偿债务的该怎么办？

《公司法》第一百八十七条第一款规定："清算组在清理公司财产、编制资产负债表和财产清单后，发现公司财产不足清偿债务的，应当依法向人民法院申请宣告破产。"本案中，该公司总资产为70万元，明显不足以偿还银行100万元的贷款，属于典型的资不抵债情形，公司清算组应当依法向人民法院申请宣告破产。该公司经人民法院裁定宣告破产后，清算组应当将清算事务移交给人民法院。被依法宣告破产的，依照有关企业破产的法律实施破产清算。

◆ 法律条文

《中华人民共和国公司法》

第一百八十七条 清算组在清理公司财产、编制资产负债表和财产清单后，发现公司财产不足清偿债务的，应当依法向人民法院申请宣告破产。

公司经人民法院裁定宣告破产后，清算组应当将清算事务移交给人民法院。

深度解析

清算组在清理了公司财产、编制了资产负债表和财产清单后，公司对于是否能够清偿自己的债务已十分清楚。如果公司能够清偿债务，清算组可以继续进行清算工作；如果公司不能清偿债务，那么公司已经处于破产状态，应当进入破产程序。为保护公司债权人的利益，清算组发现公司财产不足清偿债务时，应当立即依法向人民法院申请公司破产。人民法院接到清算组或债权人的破产申请后，应依法进行审判。如果公司经法院裁定宣告破产，清算组应当将清算事务移交给人民法院，由人民法院依照有关破产法的规定重新组成破产清算组进行清算。

85. 股东可以公司经营亏损为由向法院申请解散公司吗？

◆ 案例分析

某有限责任公司由于管理人管理不力，导致该公司的日常经营出现问题，发生了经营亏损的状况，近几个月都没有向公司股东分配利润。经过更换公司管理人，该公司亏损的状况仍然没有改善。该公司股东齐某某认为公司长期亏损，不能向股东分配利润，自己的投资利益受到损害，决定向人民法院申请解散该有限责任公司。人民法院会受理股东齐某某的申请吗？当公司经营发生亏损时，股东可以申请解散公司吗？

齐某某不可以公司亏损为由而请求法院解散公司。《最高人民法院关于适用〈中华人民共和国公司法〉若干问题的规定（二）》第一条第二款规定："股东以知情权、利润分配请求权等权益受到损害，或者公司亏损、财产不足以偿还全部债务，以及公司被吊销企业法人营业执照未进行清算等为由，提起解散公司诉讼的，人民法院不予受理。"我国公司法赋予股东请求解散公司的权利是有严格的条件限制的，对于单独的公司经营亏损事由，股东并不能以之提起解散公司申请。在公司经营亏损无力扭转，又没有股东会等其他途径解决以达至法律规定的情形下，才可以提起诉讼解散公司。所以齐某某单以公司亏损为由解散公司，法院依法不会受理。

◆ 法律条文

《最高人民法院关于适用〈中华人民共和国公司法〉若干问题的规定（二）》

第一条第二款　股东以知情权、利润分配请求权等权益受到损害，或者公司亏损、财产不足以偿还全部债务，以及公司被吊销企业法人营业执照未进行清算等为由，提起解散公司诉讼的，人民法院不予受理。

深度解析

股东申请解散公司，必须符合法定情形。在公司出现一些不符合法定事由的情形时，如公司亏损、财产资不抵债等，公司仍能进行经营管理，并且有可能通过经营扭转亏损，偿付到期债务。所以这时如果人民法院受理申请，就有可能使得其他股东利益受损，并且对有可能受到偿付的债权人的预期利益产生损害。出于这样的考虑，法律才规定了在某些情形下的申请不予受理。

86. 对于同一公司，法院可以同时受理解散和清算的申请吗？

◆ 案例分析

某有限责任公司由于管理层的决策失误，自2017年出现连年亏损的状况，对于所欠的银行贷款以及利息等债务已经无力偿还，同时股东的利益也受到了严重的损害。作为该有限责任公司持有35%股份的股东何某某，为了使自己的损失减小，于2020年4月向人民法院提出解散该公司的申请。一个月后，何某某又向人民法院提出对该公司进行清算的申请。那么，人民法院可以同时受理公司解散和清算的申请吗？

《最高人民法院关于适用〈中华人民共和国公司法〉若干问题的规定（二）》第二条规定："股东提起解散公司诉讼，同时又申请人民法院对公司进行清算的，人民法院对其提出的清算申请不予受理……"这是因为股东请求解散公司和申请法院对公司进行清算是两个独立的诉请，两个诉讼的种类截然不同，股东请求解散公司的诉讼是变更之诉，公司清算案件则是非讼案件，两者审判程序不同，无法合并审理；而且股东在提起解散公司诉讼时，公司是否解散尚需人民法院的生效判决予以确定。所以，何某某不可以既向法院申请解散公司，又申请对公司进行清算。何某某只能等人民法院判决解散公司后，再依据规定由公司自行组织清算或者另行申请人民法院对公司进行清算。

◆ 法律条文

《最高人民法院关于适用〈中华人民共和国公司法〉若干问题的规定（二）》

第二条 股东提起解散公司诉讼，同时又申请人民法院对公司进行清算的，人民法院对其提出的清算申请不予受理。人民法院可以告知原告，在人民法院判决解散公司后，依据民法典第七十条、公司法第一百八十三条和本规定第七条的规定，自行组织清算或者另行申请人民法院对公司进行清算。

深度解析

法院不同时受理股东提起的解散及清算申请。法院受理解散公司诉讼，要经过必要的审查，才能裁定公司解散与否，只有当依法裁定公司解散后，才得对公司财产进行清算，即使此时受理清算申请也是不可能进行法定程序的，所以我国法律才设置此情形下不予受理的规定。

87. 向法院申请解散公司的股东的股份可以由其他股东收购吗？

◆ 案例分析

某钢铁有限责任公司由于生产技术落后，生产出来的产品质量不高，销售情况糟糕，导致公司的经营状况令人担忧，股东利益严重受损。持有该公司20%股份的股东姜某，为了维护股东的利益，向人民法院提起了解散公司的申请，人民法院依法受理了姜某的申请。但是股东胡某某认为公司的困境可以通过改进生产技术解决，表示愿意全部收购姜某的股份，以使公司存续。那么，本案中姜某的股份可以由胡某某收购吗？

我国《最高人民法院关于适用〈中华人民共和国公司法〉若干问题的规定（二）》第五条规定："人民法院审理解散公司诉讼案件，应当注重调解。当事人协商同意由公司或者股东收购股份，或者以减资等方式使公司存续，且不违反法律、行政法规强制性规定的，人民法院应予支持……"也就是说，只要不违反法律强制性规定，胡某某若在诉讼过程中愿意收购姜某20%的股份，法院就会予以支持。调解收购姜某股份的法院下达调解书，该公司继续存续。调解书生效后，公司应当在六个月内将姜某的股份转让。但需注意的是，在股份转让之前，姜某不得以公司收购其股份为由对抗公司的债权人。

◆ 法律条文

《最高人民法院关于适用〈中华人民共和国公司法〉若干问题的规定（二）》

第五条 人民法院审理解散公司诉讼案件，应当注重调解。当事人协商同意由公司或者股东收购股份，或者以减资等方式使公司存续，且不违反法律、行政法规强制性规定的，人民法院应予支持。当事人不能协商一致使公司存续的，人民法院应当及时判决。

经人民法院调解公司收购原告股份的，公司应当自调解书生效之日起六个月内将股份转让或者注销。股份转让或者注销之前，原告不得以公司收购其股份为由对抗公司债权人。

深度解析

公司解散的诉讼请求是一部分股东基于自身利益安全考虑提出的，当公司或者是其他股东同意收购其股份来转化这部分股东可能承担的风险时，这些股东由于股份的转移而不再面临利益损失的可能，所以对其他股东而言，公司的解散与否应当由剩余的股东自行决定。但是在当事人协商不一致时，法院应当进行及时判决，以防因为法定解散事由的存在而损害股东利益或者产生不必要的扩大损失。

88. 公司清算组向法院提起民事诉讼时要以谁的名义进行?

◆ 案例分析

2019年8月，某水泥制品有限责任公司生产的水泥由于存在严重的质量问题，被某建筑公司起诉，要求赔偿300万元，该水泥制品公司败诉。经过该案件后，水泥制品公司销售金额急剧下滑，陷入巨大的经营困境。为了维护股东利益，股东会决议结算公司，并成立清算组进行清算。在清算过程中，清算组发现，某道路建设公司于2017年购买了本公司价值150万元的水泥制品，相关款项至今未结算。于是，清算组打算向人民法院起诉以追回钱款。那么，清算组向法院提起民事诉讼时要以谁的名义进行呢？

该公司清算组要以公司的名义向法院提起诉讼。我国《最高人民法院关于适用〈中华人民共和国公司法〉若干问题的规定（二）》第十条规定："公司依法清算结束并办理注销登记前，有关公司的民事诉讼，应当以公司的名义进行。公司成立清算组的，由清算组负责人代表公司参加诉讼；尚未成立清算组的，由原法定代表人代表公司参加诉讼。"由此可见，本案中，某水泥制品有限责任公司目前处于清算阶段，尚未注销登记，清算组应以公司名义向法院提起诉讼，清算组负责人只能代表公司参加诉讼。

◆ 法律条文

《最高人民法院关于适用〈中华人民共和国公司法〉若干问题的规定（二）》

第十条　公司依法清算结束并办理注销登记前，有关公司的民事诉讼，应当以公司的名义进行。

公司成立清算组的，由清算组负责人代表公司参加诉讼；尚未成立清算组的，由原法定代表人代表公司参加诉讼。

深度解析

清算组只是代表公司进行民事诉讼，而不得以自己名义进行诉讼活动。因为清算组是为了清算公司财产而临时成立的，公司在清算期间仍然是继续存在的，只是所有的活动均由清算组代为进行，所以进行民事诉讼仍得以公司名义进行，并且要积极维护公司的合法利益。

89. 公司清算时，债权人对清算组核定的债权有异议的，可以采取什么措施?

◆ 案例分析

某化工有限责任公司由于战略计划失误，市场转型失败，出现严重的债务危机，依法向人民法院申请解散公司，人民法院予以受理。在法律规定的时间内，该公司成立了清算组进行清算。清算组核定该化工有限责任公司拖欠某生物公司货款200万元，但是生物公司表示异议，认为需计算上拖欠货款的利息。请问，债权人对清算组核定的债权有异议的可以采取什么措施呢?

生物公司可以要求清算组重新核定。我国《最高人民法院关于适用〈中华人民共和国公司法〉若干问题的规定（二)》第十二条规定:“公司清算时，债权人对清算组核定的债权有异议的，可以要求清算组重新核定。清算组不予重新核定，或者债权人对重新核定的债权仍有异议，债权人以公司为被告向人民法院提起诉讼请求确认的，人民法院应予受理。”因此，本案中，生物公司可以要求清算组重新核定。若清算组不予重新核定，或者生物公司对重新核定的债权仍有异议，生物公司可以化工有限责任公司为被告向人民法院提起诉讼请求确认。

◆ 法律条文

《最高人民法院关于适用〈中华人民共和国公司法〉若干问题的规定（二）》

第十二条　公司清算时，债权人对清算组核定的债权有异议的，可以要求清算组重新核定。清算组不予重新核定，或者债权人对重新核定的债权仍有异议，债权人以公司为被告向人民法院提起诉讼请求确认的，人民法院应予受理。

深度解析

债权人对于债权核定存在异议时，可以要求清算组重新核定，如果对于再次核定仍存异议或者清算组不予重新核定的，债权人可以公司为被告，提起诉讼请求确认。在债权核定中，有可能存在核算不清的情况，这极有可能影响到债权人的债权实现，所以法律赋予债权人救济手段来保护自己的利益，也能有效防止恶意串通、恶意转移财产、规避债务、损害债权人利益的情况发生。

90. 公司逾期未能清算而导致资产流失的，债权人可以采取什么补救措施？

◆ 案例分析

2017 年 1 月，黄某某与贾某共同成立了一家有限责任公司，从事商业贸易。但是由于二人都没有经验，又没有聘请专业的管理人员，因此该公司自成立起就一直处于亏损的状态。为了维持公司的运行，该公司先后向某银行贷款共计 200 万元。2019 年 10 月，负债累累的某公司向人民法院申请破产，法院依法受理，但是一直没有进行清算。2020 年 5 月，某银行索要欠款，发现该公司租赁的商业楼早已退租，货物过期变质。该银行对于该公司逾期清算而导致资产流失可以采取什么补救措施？

我国《最高人民法院关于适用〈中华人民共和国公司法〉若干问题的规定（二)》第十八条第一款规定："有限责任公司的股东、股份有限公司的董事和控股股东未在法定期限内成立清算组开始清算，导致公司财产贬值、流失、毁损或者灭失，债权人主张其在造成损失范围内对公司债务承担赔偿责任的，人民法院应依法予以支持。"可见，某银行可以向法院主张某有限责任公司的股东在造成损失范围内对其债权承担赔偿责任。

◆ 法律条文

《最高人民法院关于适用〈中华人民共和国公司法〉若干问题的规定（二）》

第十八条第一款 有限责任公司的股东、股份有限公司的董事和控股股东未在法定期限内成立清算组开始清算，导致公司财产贬值、流失、毁损或者灭失，债权人主张其在造成损失范围内对公司债务承担赔偿责任的，人民法院应依法予以支持。

深度解析

有限责任公司的股东或股份公司的董事、控股股东怠于启动清算程序，其不作为导致了发生公司财产贬值等削弱债务承担能力的后果，债权人可在损失限度内诉请公司及股东连带赔偿，以维护自身的合法权益。

91. 法律对于未依法清算而导致债权人利益受损的公司规定了什么样的法律责任？

◆ 案例分析

2017 年 2 月，某造纸厂成立，股东为佟某某和孙某。2019 年 8 月，由于造纸厂造成了比较严重的水污染，某县生态环境局责令该造纸厂停产整治。佟某某、孙某考虑到造纸厂自成立以来经济效益不好，还欠某公司 50 万元的货款，整治还需要再投入一大笔资金，索性解散了造纸厂。清算组成立后对造纸厂资产进行清算，但是清算组并没有将造纸厂的现状和清算的消息告知某公司，就制作了已经偿还债款的虚假清算报告，并且到市场监督管理部门办理了法人注销手续。法律对于未依法清算而导致债权人利益受损的公司规定了什么样的法律责任？

我国《最高人民法院关于适用〈中华人民共和国公司法〉若干问题的规定（二)》第十九条规定，有限责任公司的股东，未经依法清算，以虚假的清算报告骗取公司登记机关办理法人注销登记，债权人主张其对公司债务承担相应赔偿责任的，人民法院应依法予以支持。本案中，造纸厂股东佟某某、孙某，未将公司清算的消息告知某公司，而是出具虚假清算报告办理了法人注销登记。某公司不仅可以请求法院判决造纸厂股东佟某某、孙某承担赔偿责任，还可以要求其支付逾期付款违约金。

◆ 法律条文

《最高人民法院关于适用〈中华人民共和国公司法〉若干问题的规定（二）》

第十九条 有限责任公司的股东、股份有限公司的董事和控股股东，以及公司的实际控制人在公司解散后，恶意处置公司财产给债权人造成损失，或者未经依法清算，以虚假的清算报告骗取公司登记机关办理法人注销登记，债权人主张其对公司债务承担相应赔偿责任的，人民法院应依法予以支持。

深度解析

公司股东、董事或者是实际控制人恶意处置财产或者未经依法清算，以虚假清算报告骗取登记机关注销登记，造成债权人合法权益受到损失的，债权人可以向法院提起诉讼，要求以上相关责任人对公司债务承担相应的赔偿责任。通过诉讼手段追及自然人承担责任，可以有效防止以上人员的恶意行为，也能够给债权人提供更广泛的救济手段来维护自己的合法权益。

图书在版编目（CIP）数据

企业法律知识学习手册：实用导图版／八五普法图书中心著. —北京：中国法制出版社，2021. 10（2023. 9重印）

ISBN 978-7-5216-2097-9

Ⅰ. ①企… Ⅱ. ①八… Ⅲ. ①企业法-中国-手册

Ⅳ. ①D922. 291. 91-62

中国版本图书馆CIP数据核字（2021）第155284号

责任编辑：胡 艺　　　　封面设计：李 宁

企业法律知识学习手册：实用导图版

QIYE FALÜ ZHISHI XUEXI SHOUCE：SHIYONG DAOTUBAN

著者/八五普法图书中心

经销/新华书店

印刷/北京虎彩文化传播有限公司

开本/880毫米×1230毫米 32开　　　　印张/8. 5 字数/168千

版次/2021年10月第1版　　　　2023年 9 月第3次印刷

中国法制出版社出版

书号 ISBN 978-7-5216-2097-9　　　　定价：39. 80元

北京市西城区西便门西里甲16号西便门办公区

邮政编码：100053　　　　传真：010-63141852

网址：http：//www. zgfzs. com　　　　**编辑部电话：010-63141839**

市场营销部电话：010-63141612　　　　**印务部电话：010-63141606**

（如有印装质量问题，请与本社印务部联系。）